KB006776

아이를 위한다는 착각

김상백 ··

초등학교 교원

초등학교 교원으로 30년을 살고 있습니다. 교육자의 사명감만으로 긴 시간을 보내
낸 것도 아닌데 그저 주어진 일을 해야만 해서 하루하루를 보내다 보니 지금에 이
르렀습니다. 학교가 갑자기 힘들어졌다고 착각하는데, 사실은 꾸준히 힘들었습니
다. 다만 지금처럼 일상적이지 않아서, 나만 그런 일을 당하지 않으면 되어서, 동
료의 아픔에 적당한 거리를 두며 경계해야 할 인물과는 눈 질끈 감고 머리 숙이며
타협하면 되었습니다. 그러는 동안 비인간적이고 비교육적이고 폭력적인 세상의
변화에 대처하지 못했습니다.
이런 변화에 교원이 제대로 대처하지 못하면 큰 낭패를 당할 수 있기에 나름대로
적응과 극복의 글을 쓰며 실천하고 있습니다.

건전한, 비판적 사고

최대한 예의범절을 지키며 다른 생각을 최대한 순화해서 말하는 '건전한, 비판적
사고'의 틀에 갇힌 학교에서 '비판적 사고'는 불온시 되었습니다. '불온한 교원'으
로 살면서 학교 문제는 학교만의 문제가 아닌 사회의 문제이며 사회가 변해야 학
교가 변한다는, 교육개혁보다 사회개혁이 먼저라고 꾸준히 주장하고 있습니다.

지적 성장

교육학에 갇히고 경험에만 사로잡혀 있으면 학교 안에서 일하면서도 학교를 제
대로 이해하지 못합니다. 학교를 제대로 이해하지 못한 주장은 새로운 갈등을 유
발합니다. 학교의 모순을 제대로 이해하고 극복하기 위해서는 학교와 교육과 관
계 맺고 있는 다양한 분야의 지적 성장이 필요합니다. 여러 분야의 책을 읽고 성
장하며 새로운 갈등을 유발하지 않는 학교 문제 해결을 위해 노력하고 있습니다.

책임 있는 교원

민주주의 학교는 자기 결정권을 존중하고, 존중받는 학교입니다. 자기 결정권이
있어야 자유롭고 평등하며 책임 있는 교원으로 성장합니다. 자기 통제권도 자기
결정권에 포함되어야 진정한 자기 결정권입니다. 자기 결정권으로 토론과 토의가
활발한 민주주의 학교를 이루기 위해 노력하고 있습니다.

삶의 주인인 가족

자식이 부모에게, 부모가 자식에게 예속되지 않는 자기 삶의 주인으로 세상을 맞
이하고 있습니다. 두 아들은 자신의 진로를 스스로 결정했고 아내와 저는 존중했
습니다. 교실에서 학생들에게 한 말과 학부모 상담에서 이야기한 것과 같이 두 아
들을 대했습니다. 주변의 사람들이 그렇게 키우면 안 된다고 했지만, 교원의 양심
으로 그럴 수 없었습니다. 어떤 이는 잘 자라고 있는 두 아들을 부러워하며 남달
라서 그렇다고 말합니다. 그렇지 않습니다. 우리 가족은 자기 삶의 주인으로서 세
상을 헤매고 있을 뿐입니다. 때로는 험한 세상을 걱정하며.

··

아이를
위한다는 착각

초등학교는
지
—
금

김상백 지음

지금 학교는?

책을 읽고 글을 쓰며 학교를 통찰하기 위해 노력했다. 그런 통찰로 대화하며 학교가 좀 더 나아지기를 바랐다. 그러나 바람과는 다르게 학교의 현실은 점점 힘들었다.

날이 갈수록 사회와 시대는 학교와 교원에게 요구하는 게 많아졌고, 그런 요구를 선택하고 정제할 권한을 주지 않았다. 학교와 교원은 쌓이는 불만을 어찌하지 못한 채 수동적으로 수용하는 동안 교육의 길마저 잃은 듯했다.

과거에 학교를 다녔던 경험, 드라마나 영화에서 보이는 학교의 모습과 실제 학교는 정말 다르다. 학교폭력이나 아동학대 관련 사건이 터질 때마다 도대체 학교는 뭘 했느냐고 질타하지만, 학교는 그런 사건에도 불구하고 많은 일을 하고 있다. 많은 학생이 학교폭력에 직접 노출

된 무법천지를 상상하여 학교를 위험지역으로 낙인찍지만, 실제론 우리 사회에서 청소년이 제일 안전하게 생활할 수 있는 곳이다.

무턱대고 학교 더러 이런 일 저런 일을 다 해달라고, 하라고 하는데 단순하게 일을 하기 싫어 못하겠다는 게 아니다. 학생의 올바른 성장보다 돈을 더 우선시하는 교육 정책을 비판하여 학교가 제 기능을 하게 하는 것, 근본적인 대책 수립을 촉구하는 것, 정책을 수립하기 전에 학교와 소통을 요구하는 것, 정책이 바르게 정착하도록 인적 물적인 지원을 요청하는 것 모두 교원이 해야 할 일이다.

지금 학교는, 신자유주의를 비판 없이 누릴 인간 교육 장소로 학교의 역할을 설정하여 강화하고 있다. 우리 교육 전체를 허점이 많은 대입 시험 준비 기관과 기간으로 한정하여 비인간적인 입시 경쟁만을 주장하며 인간의 지적인 성장 교육마저 호도하고 있다. 빅데이터 기반의 인공지능 교육만이 미래 교육이라며 배타적 헤게모니를 선점하고 있다.

교육자로서의 경험, 관련 서적, 사람과의 소통, 언론 매체의 다양한 정보와 지식을 바탕으로 한 주장이다. 의도하진 않았지만 어떤 이의 주장이 인상 깊어 내 주장인 것처럼 섞여 있을 수 있다. 그래서 전적으로 내 생각이라고 말하지 않겠다. 인용한 정보나 데이터가 낡았거나 어쩌면 사실과 다를 수도 있을 것인데, 주장의 의도와 내용에 중심을 두고 읽기를 바란다.

2023년 8월
김상백

목차

1

선생님만 있다?

과거의 학교는 교장, 교감, 행정실 직원으로 단출했다. 너무 단출해서 교사가 해야 할 일들이 정말 많았다. 교원의 월급도 교사가 챙겨야 했고, 공문서 수발도 교사가 해야 했다. 급식, 방과후학교, 돌봄도 없었다. 아동학대, 학교폭력, 교권침해라는 말 자체도 없었다. 지금 어떤 이들은 그 시절의 학교가 좋았다며 술잔을 기울이고, 어떤 이들은 그 시절의 학교 참상이 마치 지금의 학교라며 바득바득 우기며 교육개혁을 부르짖는다.

　내겐 그 시절의 학교는 일이 많아서 힘들

었다. 학교장 중심의 억압적인 관계로 힘들었다. 점심시간마다 점심을 해결하는 게 힘들었고, 공문을 볼펜으로 직접 삐뚤삐뚤 쓰는 게 힘들었다. 학생생활기록부와 통지표를 일일이 쓰는 게 힘들었다.

하지만 학교가 단출해서 편했다. 눈치 볼 사람이 적어서 편했다. 교사로서 책잡힐 일이 좀 있어도 눈치 볼 사람이 없어서 좋았다. 내 능력으로 학생들 입단속 적당히 잘하고 일 년에 몇 번 없는 학부모 상담과 공개 수업 적당히 넘기면 교사인 나를 이러쿵저러쿵하는 사람이 없어서 자유로웠다. 간혹 교감이나 교장에게 불려가 말도 안 되는 일로 훈계를 듣기도 했지만 훌륭한 술안주일 뿐이었다.

그럼 그때의 학교가 학교다웠느냐, 학생의 올바른 성장과 발달을 위한 학교였느냐고 물으면 '지금보다 아니다.'가 내 대답이다.

그럼 지금의 학교가 학교다운가를 묻는다면 '아니다!'가 내 대답이다. 그때도 지금도 아니라는 이유는 무엇인가? 그때는 학교에 종사하는 사람들이 너무 적어서, 지금은 너무 많아서 그렇다.

학교의 종사자들

정부가 바뀔 때마다 교육개혁을 외친다. 정부마다 시대를 따라가지 못하는 교육 관료주의를, 교육의 질은 교사의 질을 넘지 못한다는 호도로 교사 개혁을, 교육을 자본주의 시장에 빗대어 수요자 중심의 교육을, 원활한 자본주의 인력 시장으로의 전환이 교육개혁이었다. 그런 교육개혁이 교육의 질적 향상을 가져왔을까? 아니다!

교육개혁이 학교에 도달하면 사업이 된다. 그 사업으로 새로운 학교 종사자가 생기고, 학교는 새로운 학교 종사자의 인건비부터 관리라는 새로운 일거리가 생기며, 그 새로운 일거리를 누가 하느냐로 한바탕 난리를 치른다. 그리고 분명히 같은 일을 하는데 직종이 달라서 학생 교육도 차이 난다. 사서의 경우를 예로 들면 교육공무직, 교육행정직, 사서교사 직종으로 존재한다. 그 직종에 따라서 하는 일의 넓이와 깊이가 달라서 학교가 요구하는 독서 교육을 하지 않거나 못하는 경우가 있다.

교육감의 공약으로 새로운 학교 종사자가 생겨도 같은 현상이 반복된다. 직종은 교무행정, 교육복지, 방과후교육, 돌봄, 급식, 특수교육, 청소, 경비 등으로 매우 다양하다. 이를 2022년 1월 기준 교육부 및 교육청 공통 급여체계 적용 직종으로 세분하여 나열하면 1유형으로는 영양사, 사서, 특수교육종일반강사, 특수교육관련서비스지원가, 생활인권전문상담사, Wee센터임상심리사, 진로직업특수교육지원센터전담강사, 학부모지원전문가, 학부모상담사, Wee프로젝트 전문상담사 등이 있고 2유형으로는 조리사, 조리실무사, 행정실무사, 초등보육전담사, 특수교육지도사, 유치원방과후전담사, 진로직업특수교육지원센터보조강사, 특수교육지원센터행정실무사, 급식(배식)보조원, 통학차량보조원, 안내원, 운전원, 청소원, 실습보조원, 시설관리(보조)원, 당직전담(경비)원, 사감, 취업지원관, 특수운영직군(시설경비원, 시설안내원, 전화상담원) 등이 있다. 1유형과 2유형의 구분은 기본급의 차이로 영어회화전문강사, 학교운동부지도자, 초등스포츠강사, 청소, 당직전담(경비), 특수운영직

등은 별도의 기본급을 적용받는다. 그래서 학교 비정규직 노조에서는 유형 간 차이 나는 기본급을 통일 시키라고 요구한다.

물론 앞서 설명한 직종이 모든 학교에 존재하진 않는다. 학교 급별, 학교 설립유형에 따라 차이가 있고 어떤 직종은 학교와 교육청에 분산 근무한다. 도 교육청에 따라 차이는 있지만, 보통은 5~10여 직종이 모든 학교에 공통으로 근무한다. 강사와 자원봉사자를 포함하면 더 많다.

복잡한 학교

어떤 이는 대부분은 정년이 보장된 교육공무직인데 비정규직이라 부르는 게 맞지 않다고 한다. 다른 이는 이들의 임금이 하는 일에 비해서 많다고 하고, 학비 노조에서는 정규직(교원, 교육행정직)과 비교하면 적고 경력이 쌓일수록 차이가 더 난다고 주장한다.

나는 이런 주장에 나름대로 할 말이 있지만 여기서는 학생들의 올바른 성장과 행복한 학교생활을 위한 교육개혁과 교육감 공약으로 채용될 당시의 목적이 얼마만큼 실현되고 있는지로 제한한다.

학교 종사자들은 학생 교육을 위해서 존재한다. 다만 그 역할은 다르다. 직종이 달라서 상하관계를 규정하기도 어렵다. 그러면서 학생을 위한다는 목적에 부합하는 유기체의 부분들이다. 다른 직종과 친밀하고 긴밀한 관계를 유지해야만 학생을 위한다는 목적에 부합할 수 있다는 의미다. 그러려면 허심탄회하게 소통해야 하는데, 학교 종사자들의 마음은 그러하지 못하다.

교사가 교무행정원에게 이것을 이렇게 해달라고 말하는 것을 어려워하고, 교무행정원은 내가 교사의 부하도 아닌데 시키는 게 불쾌하다는 것이다. 교원이 교육행정직에 협조와 요구할 수 있고, 교육행정직이 교원에게 협조와 요구할 수 있어야 하는데 서로 꺼린다. 서로의 직종에 대한 이해도가 떨어져서 때로는 협조와 요구가 부당할 수도 있는데 그럴 때는 허심탄회하게 소통하여서 절충하면 된다. 어떤 직종이 상급이고 어떤 직종이 하급이라는 전근대적이고 케케묵은 인식으로 지시와 복종만이 능사라며 서로를 강제하고 무시하는 건 저급하다. 그러면서 서로 학생과 교육을 위한 처사라고 우긴다.

정말 학생과 교육을 위한다고 주장하려면 진솔하고 담백하게 하고 싶은 말을 하려는 배포, 진솔하고 담백한 말을 들었을 때 엉뚱한 감정에 사로잡히지 않고 편집 없이 수용적인 태도를 갖춰야 한다. 함께 근무하는 학교 안에서 마주 보고 대화하지 못하면서 각자가 속한 노조 교섭권으로 해야 할 일과 하지 말아야 할 일을 구분 지어 노조 교섭 결과라는 법령으로 강제하려는 건 학생과 교육을 위하는 일을 하지 않겠다는 것이다. 새로 생긴 어떤 일을 각자의 직종 노조 교섭으로 하지 않겠다고 하면 그 일을 할 사람이 없다. 결국에는 하지 못하거나 마음 약한 어떤 사람이 마지못해 일을 떠맡아 부실할 수밖에 없다.

그리고 직종 사이에 서로 의존적이다. 가령 교원이 맡고 있었던 방과후학교 업무를 교육공무직을 채용하여 전담시키면 교원과 채용된 교육공무직은 좋을 것이다. 그러나 채용된 교육

공무직의 임금은 교육행정직이 처리해야 하고 처리 과정도 까다롭다. 해당 교육공무직의 전문성 신장, 복무, 법령 준수 등의 관리와 평가 업무도 해야 한다. 단순하게 한 명이 학교에 더 들어오는 것이 아니라 그 한 명으로 인해 누군가는 더 많은 일을 떠안아야 하는데, 인력이 충원될 수 없는 구조에서는 환영받을 수 없다.

단순한 학교로

무분별한 교육공무직, 강사 채용과 자원봉사자 위촉을 반대한다. 사회가 진보하면 할수록 학교의 일이 늘어나는 건 당연하다. 그 늘어나는 일을 마다하는 건 교육을 위해 일하는 학교 종사자들의 태도가 아니다. 일하지 않겠다는 마음을 버려야 한다. 행정실에서 당연히 해야 하는 건물과 시설물 관리를 마다하면 안 된다. 교원이 공문 작성하지 않겠다는 마음도 당연하지 않다. 방과후학교 강사를 비롯한 모든 강사는 임금을 받기 위한 서류의 관리와 제출을 본인들이 해야 한다. 더불어 사용하는 공간 관리도 스스로 해야 한다. 학교 종사자들의 업무는 별도의 장에서 자세히 다루겠다.

사회 진보로 늘어나는 업무를 현재의 인원으로 어떻게 다 처리할 수 있느냐는 볼멘소리는 당연하다. 현재의 인원으로 다 처리할 수 없다. 정보화 기기만 하더라도 내가 정보부장을 할 때와는 비교할 수 없을 정도로 많다. CCTV를 비롯해 행정실에서 유지·관리해야 할 업무도 눈에 띄게 늘어났다. 방과후학교, 돌봄교실 등과 같이 예전에는 학교에서 하지 않았던 학생 교육과 돌봄 업무가 생겼으며 더 촘촘해지고 있다. 이런 현상이 가중될 텐데 현재의 교원과 교육행정직으로는 처리 불가다. 교원과 교육행정직을 늘려야 한다. 임시방편으로 학교를 달래기 위해 교육공무직을 채용하는 건 근본적인 문제 해결이 아니다. 이분들 역시 해가 갈수록 채용 당시보다더 많은 업무를 맡고 지원해야 하는데, 지금 나타나는 현상은 노조의 교섭권으로 안 하겠다는 것이다. 또 교육공무직을 채용해도 늘어난 인원의 임금 문제가 교육청의 발목을 잡을 것이다.

학급당 학생 수와 교사 1인당 학생 수를 줄여서 교원을 더 확보해야 한다. 내실 있는 수업을 위해선 수업 시수를 줄여서 수업 준비 시간을 늘려야 한다. 내실 있는 수업을 위해 필요한 경우 공문서 작성과 시장 조사도 직접 해야 한다. 학생을 직접 지도하는 업무는 교원이 해야 한다. 행정실에 교육행정직을 더 많이 배치해야 한다. 교육행정직이 하는 걸 교육공무직이 할 수 없다. 교실에선 바삐 움직이는 행정실이 보이지 않고 행정실은 수업 시간에만 느긋하게 학생들을 가르치는 교사를 상상하니, 서로가 할 일이 없는 사람이 되어 새로운 업무가 생길 때마다 공동으로 해결할 생각보단 떠넘기기에 집착한다.

　　단순한 직종의 학교 종사자들이 많아야 한다. 이러한 직종의 단출함이 균질한 책무성을 보장하고, 균질한 책무성이 학교 문제를 협업과 소통으로 해결한다. 사람이 적어서 단출한 학교가 아닌 단출한 직종으로 학교의 역할을 강화해야 한다. 학교에 선생님만 있다고? 천만에!

2

위원회 천국

교감이나 교장의 명함에 맡은 위원과 위원
장을 새긴다면 여러 장의 명함을 주르륵 늘어뜨
려야 할 것이다. 스승의 날이나 방학이 다가오
면 언론에 늘 나는 이야기가 있다. 교사는 방학
에 수업하지 않으니 무노동 무임금을 적용하여
임금을 지급하지 않아야 한다는 이야기다. 교사
가 수업 외에 어떤 일 하는지를 알려면 학교에
서 의무적으로 운영해야만 하는 위원회를 살펴
보면 된다. 대충 살펴도 50개가 넘는다. 물론 학
교 급별, 학교 규모, 설립 목적, 학교 특색에 따
라 위원회 수는 다르다.

보통은 업무 담당 교사가 간사가 되고 위원장은 학교장, 교감이 대부분이고 간혹 학부모 위원과 외부 위원이 위원장을 해야 하는 경우도 있다. 구성은 위원회의 성격에 따라 교원 위원, 학부모 위원, 외부 위원, 전문가 위원으로 구분하며 위원 수와 비율은 다르다. 위원 선출은 학교운영위원회와 같이 선거로 선출하거나 학교장이 위촉하는 방식이다. 임기는 위원회에 따라 기간이 다르고 결원이 생기면 정해진 규정대로 다시 선출해야 한다.

학교운영위원회

위원회 중에서 제일 으뜸은 '학교운영위원회'다. 학교운영위원회는 학교 운영의 전반인 교육과정을 심의한다. 특히 예산 수반과 안전한 학생 교육활동을 위한 계획 심의는 필수다. 그 외 학교 규칙을 포함해서 반드시 학교운영위원회 심의를 거쳐야 하는 항목이 있다.

학교운영위원회는 심의 기구이지 의결 기구는 아니다. 학교장이 위원회에서 심의한 결과를 최종결정한다. 학교장은 당연직 위원으로 위원장은 할 수 없다. 학교장이 위원으로 함께 심의한 결과를 바꾸기 힘든 구조다. 학교운영위원회가 심의 기구이지만 의결 기구화될 수밖에 없다. 이런 이유로 어떤 운영위원들은 심의를 결과로 해석하여 심도 있는 심의를 위한 심의자의 태도가 아닌 본인이 원하는 결과만을 얻으려는 고집스러운 결정권자의 태도로 학교운영위원회를 힘들게 한다.

학교운영위원회는 필요하다. 심의 안건을 제출하는 교원은 심의 과정에서 불거질 수 있는 상황을 꼼꼼히 확인하여 제출하면 심의 과정에서 교원이 미처 예상하지 못한 문제가 제기되어 보완한다. 학교에서는 해결할 수 없는 문제를 의외로 심의 과정에서 쉽게 해결하기도 한다. 이처럼 알찬 교육과정을 위해 운영위원회가 필요하다.

교육공동체의 학교 참여가 근간인 교육자치의 제도적인 풀뿌리가 학교운영위원회여서 제일 중요하다. 활성화 방안을 찾는 게 현명하지, 애먹이는 위원과 위원장만을 근거로 무용론을 주장하는 건 교육자치의 퇴행이다.

지금 드러나는 학교운영위원회의 문제를 해결하는 게 활성화 방안이다. 학교의 주도성, 위원의 대표성과 전문성, 참여율 저조, 무분별한 심의 안건 상정으로 행정력과 교육력 낭비하면 안 된다.

학교운영위원회를 활성화하는 방법

학교가 주도할 수밖에 없고, 주도해야 한다. 심의 안건 대부분은 교육과정과 이에 따른 학생 교육활동이다. 교육과정과 학생 교육활동 수립과정에 교원, 학생, 학부모의 의견을 다양한 방법으로 수렴하여 계획한 것이 심의 안건이다. 유기적인 학교 시스템을 잘 아는 교원이 안건을 주도적으로 설명하고 소통해야 실행을 현행화할 수 있다. 학교가 일하기 싫어서 위원들의 다양한 의견을 회피하는 듯한 느낌을 받거나 심의 결과를 실행하기 위해서는 행정실과 소통하여 집행 방법의 타당성과 수고에 대한 상호 위로와 공감이 있는 게 당연한데도 그렇게 하지 않은 섭섭함과 같은 교직원으로서 갖는 차별감으로 학교가 일방적으로 주도한다고 오인할 수 있다. 엄밀히 말하면 일방적인 교원 주도성에 대한 문제 제기다.

교원 위원 수를 줄여서 학부모와 지역 위원 수를 늘리거나 교육행정직을 당연직 위원으로 하면 제기한 문제가 해결될까? 현실성이 없는 이상적인 심의, 심의 안건의 예산 집행을 거부하는 심의는 수정과 심의의 반복으로 이어져 위원들의 피로도를 높이고 교원과 교육행정직의 갈등이 학교운영위원회로 옮겨질 가능성이 있다.

학교운영위원회 위원의 대표성과 전문성 문제는 학교운영위원회 초창기부터 꾸준히 제기되어 왔다. 절차와 방법을 바꾸면 대표성과 전문성을 높일 수 있을까? 그럴 가능성은 없다. 지금도 민주적인 선거로 선출한다. 결국 참여율이 저조한 게 문제다. 일각에선 무보수 봉사직인 위원에게 회의 참석 수당을 지급하여 선거와 회의 참석을 높이자고 제안하는데, 반대한다. 적정한 수당을 산정하기 어려울뿐더러 현재도

식사와 소정의 출장비는 지급하고 있다. 수당을 지급하면 해가 갈수록 수당 인상과 임금 형태의 수당 요구로 이어질 것이 뻔하다.

한때는 학교운영위원이 인기 있었다. 학교운영위원이 교육감을 뽑을 투표권이 있을 때였다. 그때는 특히, 정치 입문자의 첫 관문이 '학교운영위원장'이었다. 운영위원을 서로 내세우려는 과당 경쟁으로 후보 위원들의 유세 열기가 뜨거웠다. 그 뒤 교육감이 직선제로 바뀌면서 그 열기가 식었다. 요즘은 가끔 시의원을 꿈꾸는 사람이 학교운영위원장을 하기도 한다. 그때의 뜨거운 참여 열기로 학교 교육의 질이 높아졌을까? 논쟁은 있었지만, 그 논쟁이 교육의 질을 높이는 논쟁은 아니었다.

결국 학교운영위원회를 활성화하려면 고리타분하게도 희생과 자발성으로 용기 있게 나서는 구성원이 많아야 한다. 내 아이의 교육에는 관심이 많으면서 남이 그 일을 해주기를 바라는 마음을 깨고, 나와야 한다. 내가 생각하는 교육과 내 아이를 생각하는 교육을 실현하려 나서야 학교가 변하고 나아가 우리 교육이 변한다. 나설수록 나아가고 성장한다.

학교와 교육의 질은 물질적인 인센티브로 높일 수 없다. 교육자로서 물질적인 인센티브를 거론할 때마다 자존심이 상한다. 우리가 그 정도밖에 안 되는 일을 하는 걸까!

○○위원회

모든 위원회를 이러쿵저러쿵할 정도로 경험이 풍부하지 않고, 객관적인 자료도 없다. 경험의 사유로 얻은 작은 의견과 여기저기서 알려 온 간접 경험으로 각종 학교 위원회를 뭉텅이로 두루뭉술하게 살핀다.

위원회는 나름의 존재 이유가 있다. 특히 학생, 학부모, 외부 전문가의 참여는 교원의 한계를 보완하고 학생들의 교육활동을 알차게 한다. 그런 이유가 아니더라도 학생과 학부모의 참여는 당연하고, 넓게는 지역 사회와 특정 분야의 전문가 참여로 학교의 부담을 덜고 위원회의 권위를 높인다. 위원회는 학교의 한계인 전문성, 지역성, 다양성, 창의성, 민주성, 연결성,

공동체 의식을 높이는 데 이바지한다.

그렇게나 좋은 위원회가 지금 학교에선 제대로 작동하고 있는가? 각종 위원회의 운영 실태를 파악하면 그 답을 얻을 수 있고, 그 과정에서 개선 방향도 찾을 수 있다.

위원회의 실제 운영자는 업무 담당자이다. 학교운영위원회, 학교 급식 등을 제외한 대부분의 위원회 업무 담당자는 교사다. 업무 담당자인 교사가 어떤 일을 하는지를 도서선정위원회로 기술하면 다음과 같다.

- 이전 학년도 말에 현재 학년도의 학교회계 예산편성 기본지침으로 도서 구입을 위한 예산을 편성한다.
- 현재 학년도의 담당 교사는 도서 구입을 비롯한 학교 독서교육 계획을 수립하여 학교장의 결재를 득하고 전 교직원에게 안내한다.
- 학교 독서교육을 근거로 보통 학기 초에 도서 구입 계획을 수립하여 학교장의 결재를 받는다.
- 도서 구입 계획을 학생, 교직원, 학부모에게

안내하고 도서를 추천받는다. 학교와 사정에 따라서 필요한 도서 목록을 함께 안내한다.

- 추천한 도서를 취합하여 목록으로 작성한다.
- 취합 도서 목록에서 도서를 선정하기 위해 도서선정위원회 개최를 준비한다. 위원들에게 연락하여 참석이 가능한 날짜를 정하는데, 위원들의 직업을 비롯한 개인 사정, 학교 공간 사용 등을 조율하는 게 쉽지 않다.
- 위원회 개최 계획을 학교장에게 내부 기안으로 보고한다.
- 위원에게 취합한 도서 목록과 선정 기준 및 참고 사항을 사전에 안내한다.
- 위원회 개최 장소(보통은 도서실)에 회의장을 만들어 사무 용구와 선정 준비물과 등록부를 비치한다. 도서선정위원회는 학생 교육 시간이 아니면 도서실을 회의 장소로 비교적 쉽게 정할 수 있지만, 학교 공간은 대부분이 교실이기에 다른 위원회들은 학생 교육 시간을 제외한 시간에 회의를 개최해야 회의장을 마련할 수 있다. 이런 사정으로 유휴 공간이 없는 학교는 학교장실을 상설 학교운영위원회 회의장으로

운영한다.

- 여하튼 어렵게 시간과 장소를 정하여 회의를 개최하여 회의록을 작성하여, 참여한 위원들의 확인을 받은 후 학교장에게 보고한다. 보통은 학교에서 제공한 정보로 도서를 선정하지만 특별한 이익을 도모하고자 하는 위원이 있거나 도서선정위원회의 권한에 부합하지 않는 것을 요구하는 위원이 있으면 난감하다.

- 선정한 도서 구입 기안을 한다.

- 학교장 승인이 이뤄지면 구매하여 도서실에 비치한 후 안내한다. 학교에 따라 교사가 학교 신용카드로 직접 구매하여 검수한 후 비치하기도 하고, 상황에 따라 교사가 직접 바코드 작업을 한 후 학교 도서관 업무지원시스템(Digital Library System)에 등록해야 한다.

전술한 것과 같이 위원회를 담당하는 교사는 단순하게 위원회만을 운영하지 않는다. 이러한 일이 일 년에 한 번이 아닌 여러 번, 그것도 동시에 일어난다고 생각해 보자. 여기에 중대 사안인 학교폭력 전담기구와 교권보호위원회 개최가 더해진 학교 현실을 상상해 보자. 각종 위원회를 제대로 운영할 수 있을까? 과연 몇 개의 학교가 완전하게 취지대로 운영할까? 이러한 학교 현실이 학생 교육에 도움이 될까? 교사가 이렇게 바빠서야 어떻게 평온하게 수업을 할 수 있을까?

많은 교사 중에 몇 명의 교사만 이렇게 바쁘니 문제가 없다고? 대한민국에 그렇게 많은 교사가 근무하는 학교가 몇 개나 되며 수업 이외의 교사 업무가 위원회 업무만 있는 것이 아님을 잊지 말자.

위원회를 통합 운영할 수도 있다. 어지간한 학교는 교원으로만 구성할 수 있는 위원회는 교무위원회로 통합하여 운영한다. 통합하여 운영하지 않으면 그 많은 위원회 구성 자체가 힘들다. 부장 중심으로 위원회를 구성할 수 있는 학교는 부장 교사만 희생하면 다른 교사는 비교적 수월하다. 이런 이유로 지금은 부장 교사를 많이 회피한다. 작은 학교는 교사 전원이 교무위원이고 일 년 내내 위원회에 참가한다.

학교와 교육에 관심이 있어 참여하는 학부

모와 외부 위원은 몇 명 없는 게 현실이다. 그래서 학부모와 외부 위원을 포함하는 위원회는 중복 위원이 많다. 이런 상황에서 위원의 대표성, 전문성, 열정을 기대하는 건 욕심이다. 희생에 고마워해야 한다.

또한 위원회마다 교사(원), 학부모, 외부 위원의 구성 비율이 다르다. 운영 방식도 다르다. 어기면 업무 담당 교직원은 징계받고 위원회 결과는 무효 처리된다. 실제로 위원회 결과에 만족하지 않은 사람이 민원을 제기하여 무효 처리된 사례가 있다. 지금은 구성과 절차를 꼼꼼하게 따져서 운영한다. 이렇게 온 신경을 곤두세워 잘해야만 본전인데 누가 하려 하겠는가?

위원회 탄핵

위원회부터 만드는 법령 제정하지 않아야 한다. 법적 근거가 없다면 위원회를 신설하지 말아야 한다. 존재하는 위원회가 법적 근거가 없으면 폐기해야 한다.

교육 관료는 뭘 하려 할 때 늘 위원회부터

만든다. 습관적으로 만들어진 위원회가 정책의 질을 좌우한다고 착각한다. 이런 습관적인 행정 행위는 그만해야 한다. 정책의 질을 담보하려 구성과 절차와 운영 방법을 강화하면 학교는 그만큼 힘들어진다.

꼭 필요한 위원회는 행정절차와 구비 서류를 대폭 간소화해야 한다. 그린스마트스쿨과 공간혁신 사업은 위원회와 다양한 수요자 의견을 수렴하는 행정절차를 강조하면서 정작 실제적인 사업에는 자본 시장의 유동성과 수요자 요구의 비현실성을 내세워 반영을 제한하거나 무시한다. 얼마나 힘들면 이 사업을 추진하는 교원들이 인사 가산점을 달라고 꾸준히 요구할까.

노후화로 학생 안전이 위험한 학교를 안전하게, 학생과 교직원 학부모의 요구를 수용하여 실용적인 학교를 만드는 게 목적인데 학교 공동체의 요구를 대폭 수용하는 모습에만 치우친 인기 영합 행정절차로 목적이 부실해졌다. 복잡하고 의미 없는 행정절차를 강요하며 교원 인사 가산점을 부여할 것이 아니라 행정절차를 간소화하여 목적을 살려야 한다.

이제는 바뀌어야 할 때

교육을 알차게 할 목적으로 위원회가 만들어진다. 교육을 알차게 할 목적이라면 법적 근거가 없는 위원회는 위원회가 아닌 방법, 법령으로 꼭 필요한 위원회는 운영 방식을 지금의 첨단정보통신 기술로 고도화하도록 법령을 개정해야 한다.

단순히 교육공동체의 의견을 수렴할 위원회라면 지금의 다양한 첨단정보기술로 그렇게 할 수 있다. 그렇게 수렴한 의견을 정책에 반영했느냐가 점검 사항이어야 한다.

대면 방식이 원칙인 위원회 회의를 온라인 회의도 가능하도록 근거 법령과 지침을 바꾸어야 한다. 코로나19 대유행 시기에 한시적으로 허용한 것을 상시로 허용하고 등록부와 회의록은 영상과 음성 파일로 대체할 수 있어야 한다. 첨단 기술을 학생 교육용으로만 이용할 게 아니라 교육 소통에도 도입하여 효율성과 실용성을 높여야 한다. 메타버스는 왜 학생 교육에만 사용되어야 하는가?

위원회의 위원은 자기 과시를 위한 지위가 아니다. 자기만의 교육 신념과 철학으로 위원회의 가치를 떨어뜨리지 말자. 자기의 교육 신념과 철학을 퍼뜨리려면 학교 위원회보다 유튜브가 훨씬 낫다.

학교를 그들의 천국으로 만든 위원회를 탄핵하여 교원의 자존심을 되찾자. 이제 학교의 각종 위원회는 학교의 신뢰성 확보 방안이나 증거가 아니다. 교원의 안전장치는 더더욱 아니다. 학교가 법이라는 가위로 쉽게 재단되는 현실에서 위원회는 그 가위를 막을 수 없다.

자존심

학부모회를 비롯해 교원이 간섭하지 않는 위원회의 운영 경비 정산을 교사에게 맡기지 마라. 교사가 그들 뒤를 일일이 따라다니며 카드 긁도록 하지 마라. 그들이 집행하고 청구하는 방법을 강구하라. 자존심이 많이 상한다.

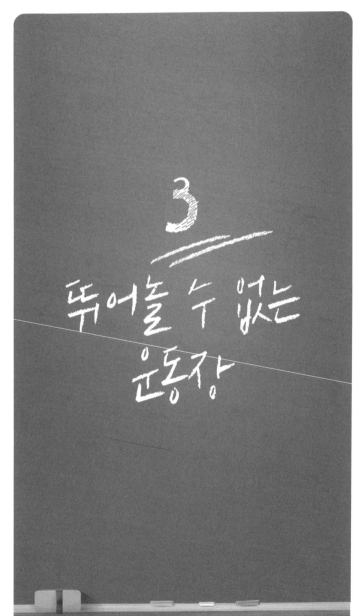

3

뛰어놀 수 없는
운동장

수업일과 교과목 수업 시수는 법령에 근거한다. 이 법령에 근거하여 학교 교육과정 수립에서 첫 번째로 하는 일이 1학기와 2학기로 나누어 당년 학년도 시작과 끝을 정한다. 이어서 과목별 수업 시수를 고려한 기본 시간표를 만든다. 시수가 많은 과목을 많이 배정하고 시수가 적은 과목을 적게 배정하더라도, 기본 시간표로는 수업 시수가 많은 과목은 시수가 부족하고 수업 시수가 적은 과목은 시수가 남아서 시간표를 조정해야만 한다.

　초등학교 수업일 수는 190일 이상이다.

365일 중 수업일 190일은 토요 휴업일을 감안하면 적은 일수가 아니다. 190일만 해도 되지만 보통은 2~3일의 여유를 둬서 190~193일 정도를 계획한다. 학년 중에 임시공휴일, 천재지변에 의한 학교장 재량휴업일, 대체공휴일 등으로 수업일이 줄면 방학을 줄여서 수업일을 확보해야만 한다. 국가가 인정하는 정말 특별한 경우가 생겨서 줄이는 비율을 국가가 변경하지 않는 한, 수업일은 반드시 190일 이상을 확보해야만 하는 게 현행 법령이다.

수업일 190일 이상이 교원과 학생이 함께 공부할 수 있는 제한된 시간이며 이 제한된 시간으로 공부할 교실, 운동장, 학교 밖 등의 물리적인 공간이 정해진다. 이 장에선 제한된 시간과 공간을 하나로 묶어 운동장으로 표현한다.

범교과 학습주제

초·중등교육법이나 초·중등교육법 시행령이 아닌 시대와 사회상을 반영한 법령(시행령, 고시)에 학생 교육 조항이 있어서 교육과정에 편성하여 운영한다.

　법령에 따라 교육과정에 반영해야 할 주제와 시수는 생활안전 12시간, 교통안전 11시간, 폭력예방 및 신변보호 8시간, 약물 및 사이버 중독 예방 10시간, 재난안전 6시간, 직업안전 2시간, 응급처치 2시간, 성교육 15시간, 보건교육 17시간, 학교폭력예방교육 11시간, 장애인식 개선교육(장애이해교육) 2시간, 생명존중 및 자살예방교육 6시간, 다문화 이해교육 2시간, 인성교육 자율(의무), 진로교육 자율(의무), 평화·통일교육 자율(의무), 독도교육 1시간, 민주시민교육 자율(권장), 경제·금융교육 자율(권장), 환경·지속가능발전교육 자율(의무) 이다. 자율(의무)은 자율이나 반드시 교육해야 하며 자율(권장)은 학교장 재량으로 운영한다. 이밖에 정보통신윤리교육은 범교과 학습주제는 아니나 법령으로 연간 7시간 이상을 의무적으로 실시해야 한다.

　반드시 교과 수업과 분리하여 별개로 교육하는 게 아니라 교과와 창의적 체험활동 등 교육 전반에 걸쳐 통합하여 지역 사회 및 가정과 연계하여 교육하며, 주제에 따라 특정 시기에 집중하여 교육할 수도 있다. 관련 교과나 창의적 체험활동에 끼우거나 묶어서 가르칠 수 있고 학년도 내내 분산하여 가르칠 필요 없이 당년에 그 시수만큼만 교육하면 된다는 뜻이다.

범교과 학습주제를 관련 교과 시수에 독립적으로 배정하여 교육할 수 있을까? 그 대답은 앞서 설명한 '교과와 창의적 체험활동 등 교육 전반에 걸쳐 통합하여'에 있다. 수업일 190일 이상에 교과 시수를 맞추는 것은 예삿일이 아니다. 교과 시수가 충분하지 않아서 학기 초에 기본 시간표를 변경하며 교과 시수를 맞추는 일이 가장 중요한 일이다. 범교과 학습주제를 관련 교과 시수에 독립적으로 배정할 수 없다는 얘기다. 도 교육청이 그것을 알기에 '교육 전반에 걸쳐 통합하여'라는 유의점을 명시하고 있다. 관련 교과 내용에 범교과 학습주제 교육을 함께 한다고 표기하라는 것이다. 물리적으론 한 차시지만, 문서상으론 교과 한 차시와 범교과 학습주제 한 차시, 두 차시를 운영한 것이다. 실제론 별도의 법령으로 교육하는 범교과 학습주제를 교육했지만, 별도론 하지 않은 것이다. 왜 이런 현상이 생긴 걸까?

교과 학습을 방해한다

자연재해, 사건, 사고가 발생한 후 처리 및 예방을 위한 법령을 제정하면서 늘 학생 예방 교육을 신설한다. 학생이 교육받지 않아서 일어난 일들이 아님에도, 어른의 욕심과 잘못으로 일어난 일들임이 명백한데도 그 원인을 교육에서 찾는다. 교육을 강화하여 예방하자는 취지에 억지로 동의한다고 하더라도 먼저 기존 교육과정에 그 내용이 포함되어 있는지 살펴서 있으면 강화하고, 없으면 시대에 뒤떨어진 기존 내용을 삭제하고 대체하면 된다.

법령을 제정하는 국회의원은 교육과정을 몰라서 그렇다 치더라도 사회부총리는 법령 제정 시에 충분한 의견을 제시할 수 있다. 학교 교육과정을 내실 있게 운영하도록 지원하고 관리해야 할 교육부의 방기 결과다. 교육을 모르는 사회부총리와 교육부 관료가 대부분인 현상황에선 시대에 뒤떨어지고 학생의 성장을 저해하는 대입 제도, 학생을 알차게 가르칠 교육과정으로 교육개혁을 이끌 수 없고 정치적 목적을 달성하기 위한 제도가 교육개혁이 될 수밖에 없다. 정권이 바뀔 때마다 교육개혁 구호가 난무하지만, 실제 교육이 바뀌지 않는 이유다. 그런 개혁으로 교원, 학생, 학부모는 갈피를 더 잡지 못하여 우왕좌왕하며 세월이 해결해 줄 것이라고 자조한다. 범교과 학습주제 교육도 그렇게 생겨나서 교과 학습을 방해하고 했다.

교육 공모사업

교육과정에서 다루고 있지만 특별히 교육부, 도 교육청, 지역교육지원청에서 강조할 필요가 있거나 중점 지원하여 교육적 효과를 보고자 할 때 예산을 지원하는 교육 공모사업을 한다. 예전에는 학기가 시작한 후에 학교 교육과정이 수립되어 실행하는 중에 공모사업을 신청하라는 공문이 와서 학교에서 꺼렸다. 신청하는 학교가 없으니 교육지원청이나 도 교육청에서 만만한 학교에 신청을 종용하거나 억지로 맡겨 불만을 자아냈다. 더 큰 불만은 얼마 되지 않은 지원금으로 계획서, 보고서, 정산서 등의 제출 서류가 많고 양식도 까다롭다는 것이었다.

지금은 도 교육청의 정책 공모사업은 당년 학년도의 이전 학년도 11월과 12월에 신청하라는 공문이 오고 결과 공문도 학년도가 시작하기 전에 와서 당년 학년도의 학교 교육과정에 반영한다. 배정 예산과 결산보고도 실제대로 내실화 간소화되었다. 도 교육청의 개선 의지도 보인다.

그러나 여전히 학기 중에 신청하라는 교육 공모사업이 여러 개 있다. 신청하지 않으면 여러 번 종용하며 떠맡긴다. 지원한 예산은 그 공모사업에 마음대로 사용할 수 없고 지정한 항목에만 정해진 비율로 사용해야 한다. 별도로 교육 시수를 확보할 수 없어서 부득이하게 학교 교육과정과 연계 운영해야 한다. 교과, 창의적 체험활동, 범교과 학습주제와 연계해야만 한다. 교육 공모사업은 보고서로 제출해야 하므로, 연계하면 기존 교과목보다 교육 공모사업에 치중할 수밖에 없어서 기존 교과목의 부실로 이어진다. 강조와 강화를 위한 목적이 부실로 이어진다.

개선해야 한다. 교육 공모사업을 계획하기 전에 수시로 개정하는 국가 수준 교육과정을 살펴서 그 내용이 있으면 교육과정으로 강화해야 한다. 교육 공모사업을 최소화하고, 학교에서 원하지 않는 공모사업은 스스로 폐기해야 한다. 교육 공모사업이 꼭 필요한 경우, 교육 공모사업 신청과 선정 결과는 이전 학년도에서 이루어져 당년 교육과정 수립 시에 반영할 수 있어야 한다. 지원 예산 지출이 지금보다 유연해야 한다. 공모사업이 학교 교육의 중심이 되어 교과 학습이 부실해지지 않도록 학교 교육과정을 치밀하게 수립하고 운영해야 한다. 교육 공모사업이 주가 되고 교과 학습이 종이 되지 않도록 해야 한다는 얘기다.

학교가 필요한 교육을 마음껏 할 수 있도록 학교 예산을 인상해야 한다. 학교장 책임으로 사용할 수 있도록 예산 항목이 유연해야 한다. 지금은 예산을 지출하려면 학교운영위원회의 심의를 거쳐야 하므로 학교장이 마음대로 사용할 수 없다. 에듀파인이 예산 집행을 실시간으로 감시하며 정기적으로 감사도 받는다.

학교 예산이 현실에 맞게 인상되면 공모사업이라는 이름으로 별도로 행하지 않고도 교육부, 도 교육청, 교육지원청 수준의 교육과정에 반영하면 학교에서 교육할 수 있다. 별도의 교육 공모사업을 펼칠 정도로 학교 운동장은 넓지 않다. 넓힐 수 없다면 더 좁히는 교육 공모사업에 신중해야 한다.

지자체 예산 지원 공모사업

지자체에서 예산을 지원하는 교육 공모사업이 있다. 또는 지자체와 관련 기관이 필요해서 학교에 의뢰하는 교육사업이 있다. 교육 공모사업과 비슷한 애로사항이 있지만, 무엇보다 예산을 집행하고 정산하는 회계 방법이 교육기관과 달라서 담당자가 애먹는다. 교육 공모사업을 위해 행정부 회계 방법을 바꾸라고 요구할순 없지만, 활성화를 위해서 교육부 회계 방법으로 할 수 있도록 예외 조항을 두기 바란다.

어떤 이는 교육 공모사업이 고위직 교육 관료 연봉 조정에 쓰여서 없애면 안 된단다. 또 어떤 이는 학교장과 교감의 성과상여금 지표에 쓰여서 없앨 수 없단다. 학교에선 학교 주도적 학교평가의 풍부화를 위해 필요하단다. 교육자가 할 소린 아니다.

쉿!

교원은 가르칠 운동장이 좁다고 적극적으로 말하지 않는다. 교원 노조나 단체는 교원이 제대로 교육할 수 없는 현실을 바로 잡아달라고 교섭과 협상을 진행할 생각은 하지 않고 교원 복지만을 요구한다.

어차피 해야 하는 것인데, 지금처럼 계획만 수립하면 탈 없이 넘어가는데, 굳이 알려서 강화되면 우리만 손해인데 왜 그런 주장으로 긁어서 부스럼을 내냐고 핀잔준다. 우리가 그렇게 만들지 않았는데 스스로 죄인인 양 감춘다. 관료주의가 오랫동안 우리를 물들인 병폐다. 관료주의 병폐를 깨자. 더 이상 쉿! 하지 말자.

4

그들이 궁금하다

현수막에 내걸린 허무한 구호! 라디오에서 들려오는 허망한 구호! 학교 실정 모르고 떠들어대는 교육 관료의 허탈한 구호! 구호가 교육이다. 그 구호를 아무도 검증하지 않는다. 그런 허망한 구호를 만든 이들이 누굴까? 그들에겐 교육이 무엇일까? 출세 수단일 뿐일까? 학생들, 국민에게 미안하지 않을까? 학교는 교육을 구호로 만든 그들이 궁금하다.

　언제부터인가 학교는 언론을 통해서 학교가 해야 할 일을 알게 되었다. 코로나19 대유행이 그렇게 만들었다고 하기엔 교육행정 정보망인 업무포털은 건재했었다. 오히려 첨단 에듀테크를 활용한 온라인 교육이 강화되고 교직원의 업무도 상황별로 더 촘촘해졌다. 오히려 학교의 상황을 전혀 고려하지 않은 촘촘한 교육행정으로 교직원 간의 갈등을 부추겼고, 덩달아 이런 분위기에 편승한 일부 교직원은 내가 할 일이 아니라는 억지 추태를 보였다. 이런 추태를 따끔하게 질책해야 할 교육 관료는 그런 추태가 정당하다며 교감이나 교장이 소통하여 해결하라고 떠넘겼다. 제멋대로 이게 정답이라며 행정으로 침범하곤 정답이 아니라는 학교장에겐 소통하여 정답을 찍으라고 했다. 코로나19 대유행 상황은 이런 현장 무시와 학교장 권한 침범 현상을 심화시켰다. 성향이 맞는 몇몇 교원과 교원 출신 측근의 말로 실제 학교 현상이 그러하다고 믿어 의심치 않았고, 그런 현상을 해결하는 게 마치 교육의 진보이고 정의인 양 다양한 방법으로 현장을 몰아붙였다. 관료주의의 또 다른 현현이었다.

교육학자, 교수 출신이 교육부 장관 겸 부

총리가 되는 게 싫었다. 어느 날 국회교육위원회 출신이 교육부 장관 겸 부총리가 되어서 기뻤다. 이전의 교육학자, 교수, 교육 관료 출신의 장관 겸 부총리의 정무 능력이 아쉬웠기에 교육에 관심 많은 정치인 부총리 정도면 교육 문제를 현장 중심으로 해결할 정무 능력이 있겠다고 생각했다. 아니었다, 거꾸로 교육 문제를 정치에 귀속시켜 정권 유지의 수단으로 삼았다. 국민을 위한 교육이라고 했지만, 정권 편의를 위한 교육 정책뿐이었다. 학생의 행복한 성장과 학교의 업무 가중에 대한 고민은 없었다. 어떻게든 학교에 맡기면 지금껏 그랬듯 모든 게 해결된다는 관료주의였다. 결국 관료주의의 강화였다.

교육 기술자들

학생이 학교에서 공부하는 이유는 인간이 일군 문명을 누려 좀 더 나은 지구와 더불어 살기 위함이다. 다음 세대들이 누릴 지구를 남길 의무도 있고. 생태계 파괴로 기후위기를 자처하는 어리석은 문명 향유가 아닌 모든 생명이 지속할 수 있을 지구를 누릴 공부를 하기 위함이다. 그런 공부는 인문학과 수학과 과학이 기반이다. 그런 교육 속에 인간 됨됨이 교육도 있다.

그런데 그들은 그런 공부와 인간 됨됨이 교육이 적대적 관계로, 공존할 수 없는 것으로 호도한다. 심지어 미래는 인간 삶에 필요한 지식은 빅데이터 기반의 AI가 검색하여 제공할 수 있어서 기기를 다루는 교육만 하면 된다고 우긴다. 인간 문명을 부정하는, 교육자로서는 정말 무책임하고 부끄러운 행실이다. 더 나아가 지금 학교는 경쟁만을 부추기는 교육만을 일삼는다며 오직 협력만을 부르짖고는 사람 됨됨이 교육만이 최고라며 온갖 겉핥기식 사람 됨됨이 교육 정책을 남발한다.

그들은 그런 교육 정책을 온갖 미디어로 감성에 호소한다. 그렇게 감성에 호소한 정책 효과를 검증할 생각은 아예 없고, 그들에겐 시행이 곧 교육효과다.

한때 그들은 학벌이 사회 계급이 된 우리 사회를 비판하며 만민 평등 교육을 주장했다.

저마다의 차이를 존중하는 기회균등이 아닌 모든 학생은 객관적으로 평등한 교육을 받아야 한다며 학벌을 더 공고히 하더니, 이제는 첨단 기술이 미래 교육이라는 안일한 생각으로 학생이 공부해야 할 내용 자체를 부정한다.

그들에겐 지금의 학교는 강자만이 살아남는 약육강식의 정글이다. 정글은 나름대로 규칙이 있어서 유지되지만, 그들이 주장하는 학교는 오직 살인적인 경쟁만이 존재하는 지옥이다. 교육자라고 자신을 소개하는 이들이 어떻게 학교를 그렇게 표현할 수 있을까? 일상적인 학교는 수업, 친교 활동, 생활 교육이 이뤄지고 비일상적인 학교폭력, 교권 침해, 아동학대 등도 일어나는 사회 안의 작은 사회다. 분명한 사실은 학교를 둘러싼 사회가 선하면 학교도 선하고 악하면 학교도 악하다. 이를 잘 알면서도 그들은 악한 교육제도로 학교가 악한 사회의 전초 기지 역할을 한다고 감성에 호소한다. 선, 정의, 인권으로 포장한 그들의 안일한 정책이 악한 학교를 구원해 줄 것이라 칭송하고 교육효과로 포장된다.

다수결의 원칙이 그들이 내세우는 유일한 민주주의 수단이 되어 교육 본질은 뒷전이고 대중 인기에 영합한 정책을 막무가내로 밀어붙이며 교묘하게 관료주의를 공고히 하는 그들.

걸핥기식 교육 정책을 학교 현장에 강제하기 위해 노조 교섭 결과를 학교장 억압 수단으로 이용하는 그들.

소통을 강조하며 틈나는 대로 포스트잇을 덕지덕지 붙이는 활동에 중독되었지만 정작 그들끼리 소통하지 못하여 일관성 없는 정책으로 힘든 학교를 더 힘들게 하는 그들.

교육 정책의 기본은 사전 조사와 연구인데, 홍보가 기본인 양 홍보한 내용을 충족시키기 위해 학교를 닦달하는 그들.

그 옛날의 교육 운동 구호가 학교 문제 해결을 위한 유일한 도구가 된 그들.

미래 교육 운운하며 현재 교육도 제대로 모르는 그들.

그들이 저지른 교육 정책으로 허덕이면서도 무조건 머리를 조아리는 또 다른 그들.

국민, 도민을 위한다는 교육에는 학생 공

부에 대한 진지한 고민은 없고 감성 교육으로
정치적 잇속을 차릴 기술로 가득한 그들.

그들은 교육 기술자들이다.

5

수업만 하기를
원하는 교사

교육의 질은 교사의 질을 넘을 수 없다. 교육 진리다. 낙후한 학교에 전문성과 열정적인 교사가 근무하면 그 학교는 되살아난다. 활발한 학교에 학교를 놀이터 삼는 교사가 근무하면 그 학교는 사그라든다. 30년 넘는 내 경험이다.

혁신학교, 행복학교. 다른 어떠어떠한 학교의 질도 교사가 좌우한다.

혁신학교, 행복학교. 타이틀이 그 학교의 질이 아니다.

혁신학교, 행복학교. 빌미 삼아 혁신적으

로 행복하게 놀 궁리를 하면,

혁신학교, 행복학교의 정신과 철학이 그 학교 학생을 성장으로 이끌지 못한다.

혁신학교, 행복학교 정신과 철학을 입에 달고 있지 않더라도 교사가 학교 학생들의 성장을 걱정하는 마음이 앞서면 그 학교 학생들은 혁신적으로 행복하다. 누구처럼 내가 다 해봐서 안다.

교사는 국가공무원이다. 공무원의 행위는 공문서가 증명한다. 교사는 공문서를 작성할 줄 알아야 한다. 공문서 작성 행위 자체를 교사가 할 일이 아니라고 주장하면 교사를 그만둬야 한다.

교사가 학생을 더 잘 가르치고자 하는 욕심이 있다면 학교 구성원들이 무엇을 하는지, 하고 있는지 늘 관심을 가져야 한다. 교사가 수업을 더 풍성하게 하여 학생들을 재미있게 가르치려면 학교 구성원들과 밖의 사회 구성원들과 소통해야 한다. 소통의 수단은 공문서가 기본이다.

교사가 해야 할 것, 하지 말아야 할 것

교사가 수업할 거라면서 수업에 필요한 여러 가지를 교사가 아닌 학교 구성원들에게 시키기만 하면 척척 알아서 대령하는 그런 학교는 없다. 교사가 아닌 학교 구성원들이 교사 수업에 도움을 줄 수 있어도 그걸 위해 존재하는 분들이 아니다. 학교 구성원들이 교사의 보조자가 아니라는 뜻이다.

수업을 연구하고 설계하고 준비물을 챙겨 수업안을 작성하고 평가하는 모든 행위는 교사가 할 일이다. 수업 준비물을 찾고, 구입 요구하고, 검수하고, 평가 계획과 결과 결재 득하는 것도 교사가 할 일이다.

학생 체험학습을 계획하고 준비하여 실시한 후 교육적 효과 검증하는 것, 학생 안전을 비롯한 각종 생활 교육과 학생 출결을 비롯한 근황을 살피는 일, 교육과정과 연계하여 강사를 초빙하는 것, 학생 상담, 학부모 상담, 학교폭력, 교권 침해, 아동학대 예방과 처리 등 일일이 나열하지 못할 정도로 교사가 할 일이 많다. 수업만 하는 교사는 있을 수 없다.

강사 채용 계획은 강사를 필요로 하는 교사가 세워야 한다. 강사 채용 과정은 학교 구성원이 협업하여 처리하는 게 효율적이다. 강사 계약에 필요한 서류는 강사가 준비해야 한다. 강사 채용을 제청하고 계약하는 행위는 교장의 위임을 받은 교감이 하는 게 효율적이다. 강사 활용은 그 강사를 활용할 교사가 계획하여 운영해야 한다. 수당 지급에 필요한 서류는 강사가 직접 챙겨서 담당자에게 제출하도록 해야 한다. 강사 수당 챙겨주려 기안하는 것은 교원이 하지 말아야 한다. 강사 관리는 교사와 교감이 협업해야 한다.

민주적인 학교와 수업

학교가 민주적이지 않다고 말한다. 우리나라는 민주 공화국이다. 민주 공화제인 나라의 학교가 민주적이지 않다는 주장이 합당한가? 물론 우리나라가 관료주의에 꽤 오랫동안 물들어 있었다. 학교도 마찬가지다. 학교장에 따라 독선, 획일과 형식 강조, 억압적인 비민주성이 있다. 비민주성을 타파하기 위해 제도와 구조 변혁이 필요하다.

그러나 제도와 구조 변혁이 학교 비민주성을 완성하지 못한다. 제도와 구조 변혁의 완성은 학교 구성원들의 자각과 실천이다. 학교 구성원들의 자각과 실천 없이는 비민주성이 사라진 학교를 누릴 수 없다.

학교의 민주성 강화는 수업을 잘하기 위한 필수 조건이다. 교실에 한정된 수업, 교과서에 갇힌 수업을 벗어나기 위해선 협업, 통합, 융합이 필수다. 민주성이 없는 협업, 통합, 융합으론 창의적이며 다양한 수업을 할 수 없다. 분위기만 좋고 학생 교육은 뒷전인 학교를 민주적인 학교로 오인하지 말자.

교사가 수업한다고 해서 교사가 하는 말이 진리는 아니다. 교사가 수업하는 동안 학교 구성원들이 어떤 일을 하는 줄도 모르고 학교 구성원들이 수업하는 교사를 위해 행정적, 물리적, 경제적으로 어떤 지원을 하는 줄도 모르고 교사가 그들에게 무조건 내 뜻대로, 내 방식대로, 나를 위해 존재하라는 건 민주적인 태도가 아니다.

학교가 학생을 교육하는 곳이지만 학생 교육을 교사만 한다고 착각하지 마라. 학교 구성원은 학생을 위해 존재하는, 하는 일만 다른 교육자다. 그들의 말, 모두 진리다. 이 진리를 무시하는 교사가 학교 갈등의 원인이다.

다수결의 늪에 빠지지 말자. 집단지성이 꼭 만병통치약은 아니다. 민주주의를 배워 깨우쳐야 한다. 지성으로 이끌어야 한다. 집단의 이해와 실천으로 나아가야 한다. 아무 데나 다수결을 끌어들이면 퇴행이다.

업무경감과 수업

학급당 학생 수를 줄이고 교사 수업 시수를 줄여야 알찬 수업이 된다. 그것을 가만히 놔

둔 체 특정 교사들의 수업 시수 줄여서 다른 교사들의 업무 도맡아 맡기곤 다른 교사들에게 업무가 없으니 제대로 수업하라는 건 자가당착이다. 학급 당 학생 수를 줄이고 교사 수업 시수를 줄이는 건 교사만을 위한 정책이 아니다. 인구 절벽 대응, 국가 일자리 관리, 국민 교육복지 향상을 위한 중요한 국가 전략이다.

교사의 수업은 학교생활의 전부다. 형식적, 잠재적 교육과정을 말하는 게 아니다. 정규 수업 시간이 아니더라도 학생을 가르쳐야 하면 가르쳐야 한다. 정규 수업 시간이 아닌 시간에 학생을 가르친다고 돈을 더 받아야 하는 건 아니다. 학생과 학부모가 동의하지 않는 건 어쩔 수 없어도 교사의 가르침이 필요한 학생을 가르치는 게 교사 복지보다 우선이다.

교육부와 도 교육청은 정규 수업만의 대가가 교사 월급이라는 잘못된 신호를 발신하지 마라. 정규 시간 외 학생 지도 수당, 성과상여금으로 교사 편 가르기 하지 말고 기본급을 인상하여 전체 교사의 사기를 더 올려야 한다. 돌봄, 방과후학교 운영한다고 정규 수업 시간이 끝난 후의 교실을 교사에게, 교사에게서 학생을 빼앗지도 말고.

첨단 기술과 수업

첨단 기술을 맹신하지 마라. 첨단 기술을 이용하면 수업의 질이 높아지는 게 아니라, 첨단 기술로 질 높은 수업을 하는 교사가 수업의 질을 높인다. 무턱대고 어떤 부작용이 있는지, 교육효과가 있는지 따지지 않고 무조건 첨단 기술을 에듀테크라는 이름으로 교실로 끌어들이지 마라. 첨단 기술이 변화시킬 세계를 먼저 통찰하고 학생을 교육하라. 수업 기술자가 되지 마라.

첨단 기술을 이용하는 교사만을 우대하지 마라. 학생, 학부모, 지역을 공부하는 교사를 존경하라. 교육과 세상과의 관계를 공부하는 교사를 존중하라. 교육으로 사회에 참여하고 교육의 진보를 위해 정치 참여하는 교원을 격려하

라. 교육 전문가인 교사는 연구하는 교사다. 수업 기술만 익히는 '전문적학습공동체'를 멀리하고 학교와 교육을 연구하고 실천하는 교사가 되어라.

성장하는 교사

끊임없이 공부하자. 책을 많이 읽자. 수업 기술책이나 교육학책에만 매달리지 말자. 하루하루를 기록하여 성찰하자. 통찰과 통섭을 교실로 끌어들이자.

경계하자. 학교를 바꾸고 교육을 개혁하겠다며 끼리끼리 모여선 조롱하고 혐오하지 말자. 교육 신념, 교육 철학이 다를 지은 정 모리배를 닮지 말자. 교육 본질로 연대하자.

교사가 하는 일, 해야 하는 일, 잘해야 하는 일이 많다. 교사는 아무나 하면 안 되고 대우는 특별해야 한다. 적어도 교사의 권위를 함부로 하면 온 사회가 들끓어야 한다. 교사 직업을 돈으로 환산하여 시기 질투하며 혐오하는 사회 분위기를 조장하면 안 된다. 교사를 천하게 여기면 교육은 귀할 수 없다.

쉼이 필요하다. 방학이 필요하다. 여행이 필요하다. 교사 여행의 시작은 통학구역의 탐구여야 한다.

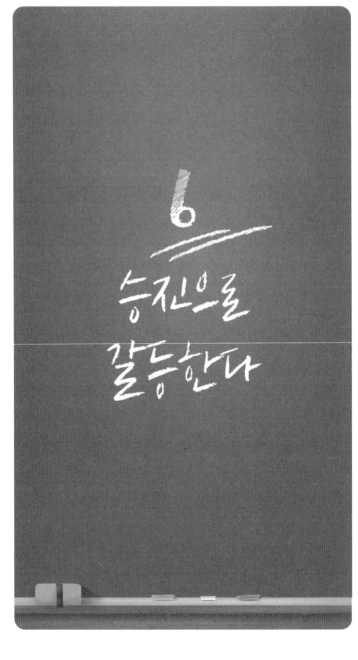

6

승진으로
갈등한다

2023년 4월 3일 월요일 한국교육신문 1면에 '임용·승진·평가·보수 전면 개편 논의'기사 제목과 작은 제목으로 '교원역량혁신추진위 첫 회의, 수업전문성↑·교육 전념 지원, 자격신설·가산점 등 이슈될 듯'이라고 보도했다.

　주요 내용은 현장 교원을 포함한 전문가 20명으로 구성된 교원역량혁신 추진위원회에서 교원 양성, 임용, 자격, 승진, 연수, 보수 등 교원정책 전반에 걸쳐 숙의와 토론을 통해 사회적 합의를 도출하는 역할이다.

　주요 이슈는 1급 정교사 이후 교감 사이의

새로운 자격 신설, 수석 교사 확대 및 내실화, 공통가산점 도입, 각종 수당 현실화 및 교원 연구비 균등화, 근무 환경 개선 등이다.

위원장은 위원들의 전문적 식견과 통찰을 바탕으로 한 혁신적인 논의가 활발해지기를 기대한다고 했다.

교원 임용

위원회 20명으로 교육 정책 전반을 다루겠다는 만용은 교육을 정말 가볍게 여기는 것이다. 주요 이슈인 교원 양성, 임용, 자격, 승진, 연수, 보수 등에 하나만이라도 혁신할 수 있을까? 늘 해왔듯이 두루뭉술하게 정책이 아닌 원론적인 보고서로 마무리되지 않을까? 이 정도의 이슈면 학교 현장에서 걱정과 기대의 목소리가 나와야겠지만 정말 조용하다. 기대하지 않는다는 방증이다.

주요 이슈를 다루는 연구보고서, 학술 서적, 논문 등으로 살펴보지 않고 쟁점이 될 때마다 경험하고 나눈 학교 현장의 지혜, 그때마다 살펴본 기억나지 않는 보고서와 관련 서적의 어렴풋한 지식, 현행 제도로 따진다.

1989년 전국교직원노동조합이 출범하고 그 뒤 교육대학생과 사범대생을 예비 조합원으로 맞이하겠다고 발표했다. 국공립 사범대와 교육대학교의 의무 임용은 헌법 15조 '모든 국민은 직업선택의 자유를 가진다.'에 위반이라고 판결했다. 판결문에서 그럴싸한 여러 이유를 들었지만, 전교조 탄압을 위한 위헌 결정이었다. 교원 임용고시가 생겼다. 국공립 사범대생과 교육대학생은 임용고시의 부당함을 지적하며 동맹 휴업으로 저항했다. 임용고시에 응시하지 않겠다고 했지만 현실 앞에 무너졌다.

그렇게 졸속으로 출발한 교원 임용고시가 그때그때 조그맣게 보완을 거치며 지금에 이르렀다. 임용고시라는 경쟁으로 시작한 교사는 경쟁 교육에서 벗어날 수 없다. 교육대학교와 사범대학의 교육과정이 등한시되고 임용고시 대비를 위한 시험에 매진한다. 교육대학교와 사범대학 생활로 능히 체득해야 할 교사 자질이 부실해진다는 비판이 따랐다. 학교도 임용고시 세대 교사의 생소함과 일탈을 이런 시각으로 비판했다. IMF 위기를 겪으면서 공무원의 인기가 급상승하여 '철밥통'이라고 비난받던 교직의 인기도 급상승하여 교대에 입학하면 고등학교 교문 앞에 현수막이 걸렸다. 교직에 대한 직업 만족도도 덩달아 올랐다. 심지어 초등학교 교장의 직업 만족도가 1위라며 조롱 섞인 말도 SNS에 퍼졌다. 이러는 사이 교원 임용고시는 더욱 굳건해졌다. 간혹 임용고시 폐지를 주장하면 교사의 질을 어떻게 보장할 수 있느냐는 논리를 폈다. 졸속으로 생긴 교원 임용고시가 우수한 교사를 확보하는 확실한 방법이라는, 불변의 진리가 되었다.

교원 임용고시를 폐지해야 한다. IMF 위기에 의한 평생직장 선호와 공무원의 복지 혜택과 안정적인 임용으로 교원 임용고시는 직업인으로서 교직을 선택하는 데 큰 장애물이 아니었다. 하지만 상황이 바뀌었다. 인구절벽으로 학생 숫자가 눈에 띄게 줄어들기 시작했다. 유아

감소에 이어 초등학교 학생 수 감소로 초등학교 학급이 줄어드는 게 확연히 드러났다. 학급당 학생 수, 수업 시수 조정이 없으면 교사의 구조 조정이 남의 일이 아니라는 위기의식과 좁은 임용고시를 통과해야 한다는 부담감이 교직을 선택하는 큰 장애물로 변했다. 우수한 교사를 확보하는 수단이라던 교원 임용고시가 별 의미가 없어진 것이다. 더불어 저축하여 삶의 질을 끌어올리려는 욕망보다 지금 당장 질 높은 삶을 누리고자 하는 세대에겐 단일 호봉제인 교사 임금제는 매력이 적다. 적은 경력의 월급으론 부모의 경제적 지원으로 누렸던 삶조차 영위할 수 없다. 조기 퇴직이 늘어나는 이유다. 이런 상황에서 교원 임용고시는 우수한 교사를 확보할 수 없다.

교원 양성

폐쇄적인 교원 양성 과정을 개방해야 한다. 그리고 개방의 조건은 까다로워야 한다. 초등은 교육대학교와 교원대학교 초등교육과, 사립대학교 초등교육과 졸업으로 초등 2급 정교사 자격을 가진 이가 임용고시 합격으로 초등학교 교사가 된다. 중등학교는 국·공·사립대학교 사범대학, 교원대학교 졸업으로 중등 2급 정교사 자격을 갖춘 이가 해당 과목의 임용고시 합격으로 중등교사가 된다. 일부는 교육대학원에서 교사 자격을 취득하여 임용고시로 교사가 된다.

지금은 교사가 되는 방법이 극히 제한적이다. 한때 또래보다 나이가 한참 많은 이가 교육대학교와 사범대학에 편입하여 교사가 된 적이 있었다. 발령이 원활한 지역의 편입학을 허용한 교육대학교에 그런 사례가 제법 있다. 그 후 편입학 조건이 까다로워졌는지, 폐지되었는지는 알아보지 않았지만 지금은 드물다. 그런 교사가 학교와 교육에 어떤 영향을 미쳤는지는 알 수 없으나 기존 학교 문화에 영향을 끼친 것만은 확실하다.

누구나 교사가 될 수 있어야 한다. 교사를 양성하는 대학교와 교사 양성과 현장 연구를 겸비하는 교육전문대학원으로 나눠야 한다. 교사 양성 대학교는 현재의 학교 급별로 구분된 자격증이 아닌 사회 변화에 능동적으로 대처할 수 있고 교육 연계와 수월성 교육을 위해 초등과 중등을 자유롭게 넘나드는 교사 자격증이 주어져야 한다.

교사는 이론을 강의하는 직업이 아닌 이론을 현실에 적용하여 긍정적인 효과를 내야 하는 직업이다. 이론을 현장에 적용하여 자기화하는 실습 기회가 많아야 한다. 이론을 현장에 적용한 내용이 연구 주제가 되어 연구한 결과가 학위와 교사 자격으로 이어져야 한다. 현재 교사 양성 교육과정을 재정비하여 4년으로 가능할지 5년, 6년이 필요할지는 연구과제다. 가르치는 기술을 강조하는 것이 아닌 교육학의 현장 적용과 연구로 전문성을 더 높여야 한다.

교육전문대학원은 교사 재교육, 개방형 교사 임용 교육, 석·박사 통합 과정으로 운영할 수 있다. 교사 재교육은 1급 정교사 자격연수, 교감 자격연수, 교장 자격연수를 비롯한 교원의 역량 강화를 담당한다.

개방형 교사 임용 교육은 다른 직종에서 교사가 되려는 이들을 교육한다. 교사 양성 대학교와 유사한 교육과정을 이수하여 학위와 자격을 취득한 후 교사로 임용한다. 학교가 필요로 하는 다양한 경험과 특기를 가진 교사를 임용할 수 있다. 예전에 교사가 부족할 때 임기응변으로 운영한, 보수 교육이 아닌 다양한 경험과 특기를 가진 이들이 교사 양성 전문 교육을 이수하여 기존 교사가 갖지 못한 경험과 특기로 가르치는 교사를 양성하려는 의도다.

석·박사 통합 과정은 현장 연구 강화로 우리나라 교육학을 정립하자는 취지다. 교원의 전문성을 가르치는 영역으로만 제한하는 경향이 있으나 교원의 전문성은 현장인 학교를 기반으로 한 포괄적인 교육학 연구다. 현장 교사와 교수 간, 현장 교사와 대학원생 간, 현장 교사와 교사 간의 연구가 활발해야 한다. 현장 기반 연구 활성화로 한국 교육학의 독립성을 확보하여 우리 실정과 동떨어진, 한물간, 정권과 이념에 기댄 유학파 무리의 말도 안 되는 사례와 주장이 통용되지 않는 한국 교육학의 산실 역할을 해야 한다.

교원 승진제도

전체 교원 중 극히 일부분만 교감, 교장으로 승진한다. 2급 정교사에서 1급 정교사를 거쳐 교감과 교장으로 승진하는 구조다. 2급 정교사에서 1급 정교사는 자격 갱신이고 1급 정교사에서 교감, 교감에서 교장은 직급이 바뀌는 승진이다.

일반적으로 1급 정교사에서 교감으로 승진하기 위해서는 경력 20년 이상, 근무평점, 연수성적 평정(교육성적 평정인 1급 정교사 자격연수 성적, 60시간 이상 직무연수 성적, 60시간 직무연수 이수와 연구대회 입상실적 평정, 학위 취득 평정), 가산점 평정(공통 가산점, 선택 가산점), 직무연수 실적이 필요하다. 영역별로 평정 점수가 다르고 상한점이 있어서 특정 영역에만 실적이 많아서는 승진할 수 없고 각 영역에 고른 평정점을 얻어야 한다.

교감에서 교장으로 승진할 때도 같으나 경력과 다른 평정점보다 학교장 50%와 교육장 50%(교육감)로 평정한 근무평점이 절대적인 영향을 끼친다.

교장공모제

교장공모제가 있다. 엄밀히 따지면 교장공모제에 의한 공모 교장은 승진이 아니라 한시적인 교장이다. 공모 교장 기간은 교장 연한에서 제외된다. 공모 교장이 만료되면 직전 직급으로 돌아가는 게 원칙이다.

교장공모 유형은 일반학교에서 교장 자격증 소지자를 초빙하는 '초빙형', 자율학교에서 교장 자격증 소지자나 교장 자격증 없이 초·중등학교 교육경력 15년 이상인 교육공무원 또는 사립학교 교원을 대상으로 공모하는 '내부형', 자율학교로 지정된 특성화중·고, 특목고, 예·체능계고를 대상으로 교장 자격증 소지자(교육공무원) 또는 해당 학교 교육과정에 관련된 기관 또는 는 단체에서 3년 이상 종사한 경력자를 대상으로 공모하는 '개방형'이 있다.

내부형과 개방형 중 교장 자격증 미소지자는 공모 교장으로 임용되면 교장 자격연수를 거쳐 교장 자격증을 취득하고, 공모 교장이 만료되면 직전 직급으로 복귀가 원칙이다. 해당 학교에서 공모 교장이 만료되면 취득한 교장 자격증으로 다른 학교의 교장 자격증이 필요하거나 없는 교장공모에 응할 수 있다. 일부는 취득한 교장 자격증으로 장학관이나 연구관으로 전직한다. 경상남도교육청의 교장공모제를 근거로 했고 시도교육청마다 약간의 차이는 있다.

교육전문직원

교육전문직원 공개 전형으로 흔히 말하는 교사 장학사를 선발하는 제도가 있다. 1급 정교사 자격증 소지자로 교육경력 15년 이상, 보직교사 경력 3년 이상이 응시 자격이다. 전형 방법은 자격심사, 현장평가, 서류, 논술, 기획력을 평가하는 1차 전형과 심층면접인 2차 전형으로 선발한다. 교사 장학사로 시작해서 교감 자격연수로 교감 자격증을 취득한 후 교감으로 발령받거나 계속 장학사로 일하여 교장 자격증을 취득한 후 교장으로 발령받을 수 있다. 역시 경상남도교육

청을 근거로 했고 시도교육청마다 약간의 차이
는 있다.

　　교육공무원법 제2조 제2항, 이 법에서 '교
육전문직원이란 동법 제2조 제1항 2호(교육행정
기관에 근무하는 장학관 및 장학사) 및 3호(교육기관, 교
육행정기관 또는 교육연구기관에 근무하는 교육연구관 및
교육연구사)에 따른 교육공무원을 말한다.'에 규
정되어 있다.

　　교사가 전문직이라 말하면서 정작 법에서
는 장학사, 연구사, 장학관, 연구관만을 전문직
으로 규정하여, 가르치는 것을 전문으로 하는
교사를 하대한다는 주장을 펼치는 교원이 있는
데 잘못된 주장이다. 법령에는 '교육전문직'이
아닌 '교육전문직원'으로 되어 있으며 교육공무
원법 제2조로 정의한 교육공무원의 한 종류일
뿐이다.

수석교사

　　'수석교사제도'도 있는데, 교육공무원법 제
3장 제6조의2 '수석교사는 유아교육법 제22조

제3항 및 초·중등교육법 제21조 제3항의 자격이 있는 사람이어야 한다'로 수석교사를 정의했다. 수석교사는 자격 구분이지 승진은 아니다.

지금 교원의 승진 양상

여전히 일반적인 방법으로 가장 많이 승진한다. 그렇다고 해서 '일반적인 승진 방법이 승진 역량을 담보한다고 말할 수 있는가?'에 대한 물음에 승진자든 아니든 그렇다고 선뜻 말할 수 없을 것이다. '선뜻 말할 수 없다'를 넘는 승진자의 자격에 시비를 거는 논란이 항상 작용한다. 이 논란이 빚어내는 갈등을 개선할 혁신적인 승진제도가 있을까? 승진제도가 개선되면 교장, 교감을 일컫는 관리자와 교직원 간의 갈등을 해소할 수 있을까? 승진제도의 혁신에 관리자로서의 역량 담보가 필요하지만, 관리자와 교직원 간의 본능적인 갈등 해소방안이 포함되어야 한다. 왜냐하면 모든 직장에 상급자와 하급자 간의 갈등이 존재하고 이 갈등은 결정의 불평등과 책임 소재가 원인이기 때문이다. 하급자는 존중

받고 싶고 상급자는 존중보다 책임을 우선한다. 학교 역시 마찬가지다. 차이가 있다면 교직원은 관리자가 책임지지 않는다는 확증이고, 관리자는 학교 경영을 마음먹은 대로 하려고 교직원에게 지시하면 갑질 신고로, 노조와의 교섭 결과에 어긋난다는 엄포로 대응한다는 것이다. 그러면서 관리자가 소신껏 밀고나가야 한다며, 소통하여 협력을 이끌면 된다는 이중잣대로 관리자의 리더십을 탓한다.

국공립 학교는 교육부와 도 교육청의 시책(청렴, 갑질 근절, 노조 교섭 결과, 장관 및 교육감의 지시사항을 시행해야 할 의무가 있다)을 어길 시 징계 사유가 되어서 해석과 다툼의 소지가 있음에도 관리자는 위축된다. 관리자가 위축되면 학교 교육은 나아가지 못하고 잘해야 현상 유지다. 그래서 승진제도의 혁신은 곧 학교 교육의 혁신이다.

관리자와 교사의 갈등

관리자와 교직원 간의 갈등은 일제시대 식민교육으로 거슬러 올라간다. 일제의 식민교육을 위해서는 칼 찬 관리자가 무력으로 교직원을 다스려야 했고 교직원은 저항해야 했다. 관리자는 일제, 교직원은 독립투사로 여겨졌다. 해방 이후 군부독재를 거치며 관리자는 정권 유지를 위한 최말단의 경비견 역할을 했으며 교직원은 이에 맞서는 민주화의 투사가 되었다. 학교는 독재 세력과 민주화 세력으로 갈라졌다.

전교조의 태동으로 관리자는 전교를 방해하는 비민주 교육자로 교직원은 참교육을 열망하는 민주 교육자로 갈라졌다. 이런 단계를 거치며 관리자는 교육의 본질과 교직원의 이익을 대변하고 보호하며 책임지는 상급자가 아닌 권력에 기대어 본인 보위에만 열을 올리는 상으로 굳어졌다.

교사는 이런 관리자가 되지 않는 것을 참교육자라 여겼다. 승진하려는, 하는 교사를 교육자이기를 포기한 교사로 여겼다. 선배 교사들의 이 논리는 지금도 후배 교사들에게 여전히 작용한다. 대립과 갈등으로 문제를 해결하는 학교 문화가 정착되었다.

학교 현장에 두루 퍼진 승진제도의 시빗거리를 교사와 관리자(교감, 교장)의 대립과 갈등의 원인으로 확증한 편향과 정치화를 소개한다.

　　학생 교육은 교사만의 몫일 뿐이어서 승진은 학생 교육 포기라는 주장은 교사의 자기 부정이다. 초·중등교육법을 거론하지 않더라도 교사만 학생 교육을 담당하고 있는가? 수업만을 학생 교육이라 확증하면 그렇다. 그런 확증 편향, 수업만이 학생 교육이라는 아집에 동의하는 국민이 몇이나 될까? 되레 그런 확증 편향에서 벗어나는 게 교사로서의 성장이다.

승진 방법

　　일반적인 승진 방법이 학생 교육을 제일 우선으로 생각하는 교사로서는 감당할 수 없는, 비교육적인 요소가 많아서 승진하는 교사는 참된 교사가 아니라고 주장한다. 일반적인 방법으로 승진하려면 성취해야 할 평정 점수가 너무 많다. 모든 교사가 마음만 먹으면 성취할 수 있는 점수가 아니다. 마음만 먹으면 필요할 때 금방 성취하는 점수도 아니다. 오랫동안 준비하고 적당한 운이 작용해야 한다. 학생을 지도한 결과로 받는 점수는 학생을 가르치는 남다른 방법이 있어야 한다. 일반적인 승진 방법을 구구절절이 나열하면 수십 쪽이 된다. 시대와 지역에 따라 모두 성취해야만 승진하는 게 아니나 몇 영역의 점수만으로는 불가능하다. 그 많은 승진 가산점 점수를 모두 나열할 수 없어서 의욕만으로는 승진할 수 없는 영역만 간략하게 소개한다.

교육경력 점수, 부장 점수, 근무평정 점수, 10년간의 직무연수 점수는 승진을 생각한 교사는 웬만하면 기본으로 깔고 간다. 예전에는 관리자에 의한 근무평점을 받으려 관리자, 특히 학교장의 비서를 강요받거나 자처해야만 했다. 지금 그렇게 하다가는 학교에서 쫓겨난다. 근무평점을 위해서 관리자의 비위를 맞추려 미리 고개 숙이지 말고 본인 역할을 충실히 하여 당당하게 받으면 된다. 간혹 지금도 있는지는 모르겠지만, 근무평점을 빌미로 갑질하는 교장이 더러워서 승진 안 하겠다는 교사가 있는데 승진하고 싶은 마음이 간절하나 갑질 교장과 함께 근무하고 있어서 포기해야 한다면 학교를 옮기면 쉽게 해결된다. 물러서기 싫으면 명백한 근거로 갑질 센터에 신고하라.

벽지 학교와 준벽지 학교 가산점

승진 점수 중에서 가장 큰 가산점 비중을 차지하는 벽지 점수는 교육부에서 지정한 벽지 학교에서 근무한 경력점수다. 행정안전부에서 정한 벽지 기준을 바탕으로 벽지 학교를 지정하고 교육부에서 정기적으로 벽지 학교 기준에 부합하는지 실사한다. 그런데 행정안전부의 벽지 기준이 '교통, 통신, 주거 환경, 문화 공간이 아주 낙후된 지역'이라는 시대에 동떨어진, 옛날 기준이다. 지금은 교통과 통신의 발달로 불편이 제거되었는데도 여전히 벽지 학교로 지정된 곳이 많다. 벽지 학교 지정은 승진을 위한 도구일 뿐이어서 벽지 학교 기준을 조정해야 한다는 주장이 강하다. 앞서 설명했던 것처럼 행정안전부 기준을 교육부가 준용하기에 행정안전부의 기준이 바뀌지 않으면 사실상 불가능하고, 풍문에

의하면 교육부가 행정안전부에 기준 조정 필요성을 제기했더니 교육부가 별도로 기준을 마련하여 지정하라고 했다고 한다. 이유를 생각해보면, 벽지 주민은 국가에서 받는 혜택이 있는데 그 한 부분이 '벽지 학교 지정'이다. 만약 행정안전부 벽지 지역 기준을 바꾸어서 벽지 주민 혜택이 사라진다면 주민들의 집단 반발에 할 것이다. 실제로 경상남도 통영시 일부 섬 지역의 도서 벽지 해제를 시도했다가 주민의 집단 반발로 무산된 적이 있다.

이런 상황에서 교육부가 행정안전부와 다른 독자적인 벽지 학교 지정 기준을 마련할 수 있겠는가? 벽지 학교가 폐교되지 않는 한 인위적인 벽지 학교 재편은 불가능하다. 그래서 교원 승진을 위해서 일부러 벽지 학교를 존속하고 있다는 주장은 거짓에 가깝다.

거짓이 아니라 거짓에 가깝다고 한 이유는 어찌 되었든 벽지 학교의 비현실을 알면서도 적극적으로 개선할 의지가 없는 교육부와 벽지 학교 폐교로 열정적인 다양한 연령층의 교원을 유치할 수 없다는 현실을 반영하여 경상남도교육청은 교육감 재량으로 벽지 학교보다 근무 경력 점수가 낮은 '준벽지 학교'를 지정해 운영하고 있기 때문이다. 그러나 준벽지 학교 지정으로 벽지 학교 폐교에 따른 유실한 교원을 확보하는 데에 성공하고 있어서 무턱대고 승진을 위한 도구로 전락했다고 볼 수 없다.

다만 모든 시군에 준벽지 학교를 늘리거나 순환 지정하면 그 효과 감소로 승진을 위한 도구라는 주장에 맞설 논리가 없다. 근무 조건이 좋아서 교원이 몰리는 지역에 굳이 준벽지 학교를 지정해야 할까?

승진하는 교사는 나쁜 교사?

벽지, 준벽지 학교 가산점을 얻기 위해서는 일단 그런 학교에 근무해야 한다. 보통 공립 학교는 근무 기한이 5년이다. 최장 5년을 근무하고 다른 학교로 이동해야 한다. 이동한 후에는 다시 전보 가산점을 얻어야 한다. 벽지, 준벽지 학교로 이동하려면 5년 동안 전보 가산점을 얻기 위해 치열한 전투에 임해야 한다. 이동에 필요한 전보 가산점의 영역도 승진 가산점처럼 중복 사용이 불가능하므로 다양한 영역에서 고르게 점수를 취하여 이동 시점에는 절정에 달해야 한다. 그렇게 했는데도 예상과 다르게 벽지, 준벽지 학교의 교사 전입자 수가 줄거나 없으면 필사의 노력이 물거품이 되고 만다.

이 필사의 노력을 두고 학생 교육을 내팽개친 교사라 호도하는데 따지고 보면 그렇지 않다. 먼저, 승진하려는 교사가 이 필사를 즐기느냐면 그렇지 않다. 힘들지만 승진을 위해서 그렇게 해야 하니 참고하는 것이다.

그 어려운 걸 왜 하느냐고? 승진을 원하는 이유는 교사로서 할 수 없었던 교육을 하기 위해서, 좀 더 나은 학교와 교육을 위해서, 좀 편해지려고, 어깨에 힘주려고, 월급 많이 받으려고 (실제는 그렇지 않다) 등 다양하다. 이 승진 목적에 따라 충실하게 학생을 가르친 대가와 덤으로 전보 가산점을 모아서 벽지와 준벽지 학교로 이동한다. 그러나 교육자의 윤리를 저버린 승진 목적으로 교사로서 최소한의 양심을 저버리고 학생을 내팽개치고 악다구니질로 전보 가산점을 끌어모아서 벽지 학교와 준벽지 학교로 이동하는 교사도 있다.

승진하려고, 생활의 불편을 감수하고 벽지 학교나 준벽지 학교가 있는 지역으로 이동하였는데 가만히 지켜보니 도저히 감당할 수 없어서 포기하고 원래의 곳으로 복귀하는 교사들이 하나 같이 하는 말이 있다.

'나는 교사의 양심을 저버린 그런 비교육적인 행위로 승진하기 싫었다. 그런 교사, 그렇게 승진한 교감은 교육자가 아니고 나는 그런 사람과 다르다.'

만약 그들이 벽지 학교나 준벽지 학교에 들어갔으면 그런 말을 했을까? 여러 가지 이유로 승진하려는 원래의 마음대로 세상이 따라주지 않아서 중도에 포기하는 교사가 많다. 처음부터 승진을 생각하지 않고 학생 교육에만 매진하거나 교사의 편익만을 최대한 추구하여 학교를 놀이터 삼는 교사도 있다. 승진하는 사람은 나쁜 교사, 승진 안 하는 교사는 착한 교사로 양분하는 흑백논리는 교육제도를 편협하게 본 결과다. 소신껏 교육자로서 직분을 다하면 그뿐이다. 교육자로서 직분을 다하지 않는 그걸 문제삼아 비판해야 한다.

연수성적

교감 자격연수 대상자는 1급 정교사 자격연수 평정점, 60시간 이상 직무연수 평정점, 연구대회 입상실적 평정점을 득해야 한다. 일부는 학위취득으로 대체할 수 있다. 연구대회 입상실적은 학위나 개인 노력으로 한계점수까지 다 채운다. 운이 좋은 교사는 연구대회 입상실적을 전보 가산점과 승진 가산점으로 동시에 사용하여 승진 준비 기간을 단축한다.

한때 1급 정교사 자격연수 점수가 논란이었다. 보통은 1급 정교사 자격연수를 이수한 후 20년 뒤에 교감 자격연수 대상이 되는데, 20년 전의 상대평가 방식의 연수성적은 교감 역량이 될 수 없다는 주장이 학교 현장에서 큰 공감을 형성했다.

이후 2020년부터 1급 정교사 자격연수 평가방식이 패스 방식으로 바뀌었다. 교감 자격연수 대상자 선정에 1급 정교사 자격연수 점수를 단순히 삭제만 할지, 1급 정교사 자격연수 평가 점수에 버금가는 다른 연수 점수로 대체할지 지켜볼 일이다.

60시간 이상 직무연수는 96점 이상을 받는 게 이상적이다. 점수 구간별로 평정점이 달라서 96점 미만 점수를 받았을 경우는 다른 가산점으로 만회해야 하는데 사실상 힘들다. 이 점수를 얻기 위해서는 정말 남다른 희생이 필요하다. 국공립교육연수원은 특별한 교육 이수를 제외하곤 일반 교사를 위해 60시간 이상의 직무연수를 개설하지 않는다. 60시간 이상의 직무연수는 온·오프라인으로 사설 교육연수원에서 개설한다.

연수 신청 시에 연수비를 납부하는데, 이수 후에 영수증을 학교 담당자에게 제출하면 보전받는다. 직무연수는 상대 점수라서 연수생의 숫자에 따라 점수 분포가 달라진다. 따라서 교원에게 쉬운 내용의 강좌에 연수생이 몰린다.

　　96점 이상의 점수를 성취할 자신이 없는 교원은 중도에 포기하며 같은 강좌의 다음 회차를 수강하거나 수강생이 더 많은 강좌로 이동하여 수강한 후 시험에 응시한다. 출석고사장에서 문제 난이도를 보고 답안지를 제출하지 않으면 이수가 안 되므로 이를 활용하기도 한다.

　　상대평가 96점 이상을 받으려면 객관식 문항인 출석 고사 평가 점수가 거의 100점이어야 한다. 연수원 측은 점수 변별력을 높이기 위해서 문제 같지 않은 문제로 연수생이 점수를 못 받게 해야만 한다. 연수 강좌가 교감 직무 능력 향상과는 거리가 멀뿐더러 평가 문항마저도 교감 직무 능력 향상과 무관하다.

　　60시간 이상 직무연수 점수를 교감 자격연수 대상자 평정점으로 계속 활용하려면 국공립 교육연수원에서 교감 직무 능력 향상과 직접 관계있는 강좌를 개설하고 1급 정교사 평가방식처럼 절대평가로 바뀌어야 한다. 지금 방식은 사설 교육연수원의 돈벌이 수단일 뿐이다.

여러 가산점

학교폭력 예방 및 대응 실적 가산점은 초창기에 논란이 많았다. 모든 교사가 학교폭력 예방과 대응에 절대적인 힘을 쓰고 있고, 써야 하는데 교사를 특정하여 승진 가산점을 부여하는 건 학교폭력 예방과 대응을 느슨하게 하는 효과를 가져올 것이라고 우려했다. 어찌 되었건 지금은 정착되었다. 하지만 교사의 당연한 업무를 승진 가산점 영역으로 끌어들인 것은 잘못이다.

도 교육청이 교육적 역기능을 우려하며 도 교육청 주관 연구시범학교를 축소 및 폐지한 후 교육부 주관 연구시범학교, 교육대학교, 부설초등학교 근무 가산점 경쟁이 치열하다. 연구시범학교 가산점이 교감 자격연수 대상자 선정에 귀하게 작용하고, 웬만한 교사는 근무하지 않으려는 부설초등학교 근무 경합이 치열해졌다. 교육대학교 실습 지원학교 역시 유치 경쟁이 치열해져 교육대학교에서 교육실습생에게 제공해야 하는 편의를 유치하는 학교에서 얼마만큼 제공하느냐로 선정 기준을 삼는 불공정을 초래했다.

가산점은 모든 타시도교육청에서 공통으로 적용받는 '공통 가산점'과 해당하는 도 교육청만 적용받는 '선택 가산점'이 있다. 선택 가산점은 시도교육청 사정을 따르는데, 종류가 다양하다는 한 가지 공통점만 제외하면 종류와 상한점은 다소 차이 난다. 종류마다 상한점이 있으니 다양한 종류의 가산점을 획득하는 게 정말 만만찮다.

교장공모제의 허점과 변질

일반적인 방법으로만 교감, 교장으로 승진하는 제도의 경직성 완화와 일반적인 승진 방법에서 담보하지 못하는 역량을 갖춘 교원이 교장으로 승진하는 교장공모제의 허점이 드러났다. 교장 자격증이 없어도 응모할 수 있는 '내부형'은 부정한 승진 도구, 교장 자격증이 필요한 '초빙형'은 공모 교장 기간을 교장 경력에 포함하지 않는다는 것을 악용하여 8년 동안 교장으로 중임하고도 정년 퇴임 기간이 남을 교감이나 교장의 '교장 직위 연장 수단' 중의 하나로 활용되고 있다.

  '교장은 교장 자격증이 있어야만 할 수 있다.'에 동의하지 않는다. 원칙적으로 그 취지에 맞게 잘 운영한다면 교장 자격증이 필요 없는 내부형 교장공모제를 반대하지 않는다. 전부라고 말할 수 없는, 관심 높은 일부에서 지원자의 제출서류를 제대로 검토하지 않고 선정을 위한 심사 서류를 미리 내정한 사람에게 맞춘다. 대상자를 처음부터 정해놓고 절차만 철저하게 준수하는 것이다.

  교장공모제 학교는 교장이 정년 퇴임하는 학교와 공모교장이 만료되는 학교 중에 교직원과 학부모의 의견을 취합하고 학교운영위원회에서 심의하여 교육청에 보고하면 교육감이 결정하는데 학교의 보고대로 선정되는 경향이 강하다. 당연히 그렇게 해야 한다. 그래서 만료가 되기 몇 년 전에 대략 교장공모 학교를 예상할 수 있어 사전에 그런 학교 교직원과 학부모를 대상으로 작업할 수 있다. 학교 바깥 활동이 활발하고 은근히 교육감 선거에 간여하는 교원이 그런 성향의 학부모를 쉽게 움직일 수 있다. 지역에서 교육 운동 모임, 교원단체, 노조 활동으로 그 구성원들에게 꾸준히 영향력을 행사한 교원과 뜻을 같이하는 교원이 교장공모제 할 수 있는 학교에 재직하고 있으면 그들을 움직인다. 그리고 대부분 공모 교장을 한다. 교육감 코드 맞추기니 전교조 교장 배출을 위한 도구로 전락했다는 주장의 근거다. 이런 주장에는 교장공모제 학교 비율 자체가 아주 낮고, 그중에서 교육감 선거를 위해 은근히 공헌한 교원과 특정 노조나 단체 출신이 공모 교장이 된 비율이 아주 낮다는 근거로 반박한다.

악용을 막아야 한다

논란의 본질은 양적 비율이 아니라 악용이다. 특정인, 특정한 무리가 악용하여 변질한 교장공모제를 개선해야 한다. 인사 업무라는 이유로 인사 담당자인 해당 학교 교감은 행정적인 관리만 할 뿐 선정에 참여하지 못한다. 해당 학교 교장공모제를 관리하고 컨설팅하는, 해당 행위를 감시하는 장치가 있어야 하고 학교 사정을 가장 잘 아는 교감의 참여를 배제하지 않아야 한다. 학교와 교육지원청에서 각각 하는 심사를 학교 심사위원과 교육지원청 심사위원이 함께 1회 심사하여 특정인을 밀어주는 심사를 예방해야 한다.

해당 학교 교직원의 교장공모제 운영 역량과 평가 역량을 강화하여 학교가 소수의 편협한 교육관으로 좌지우지되는 파행을 막아야 한다. 교장공모제의 책임은 그 학교 구성원 전체의 몫이다. 공모 교장으로 뽑아만 놓고 그 교장의 눈치만 살필 게 아니라 그 교장과 함께 처음의 취지대로 운영하고 평가해야 한다. 그리고 공모 교장이 만료되면 승진이나 전직시키지 말고 반드시 직전 직위나 직급으로 복귀시켜야 한다.

교육전문직원 공개 전형의 허점과 변질

교감이 교육전문직원으로 많이 전직할 때, 그들이 학교에 있는 교사를 불러서 그들의 일을 시킨다는 불만이 팽배했다. 교육전문직원은 학교를 지원하는 역할이니 관료보다 실무 중심으로 선발해야 한다는 주장이 컸다.

그래서 교사를 교육전문직원 공개 전형으로 선발하는 비중을 높였다. 권위주의 장학사 퇴출에 대한 기대가 컸다. 교육지원청과 도 교육청에 자발과 타의로 불려가는 현상이 줄 것이라는 기대가 컸다.

과연, 지금은 그러한가? 지금도 학교 교사와 교감이 자발과 타의로 교육지원청과 도 교육청에 불려간다. 교육전문직원 공개 전형과 무관하게 불려갈 수밖에 없다. 교육전문직원 단독으로 처리할 수 없는 일들, 학교 의견을 반영해야 하는 일들이 나날이 늘어나서 그런 목적의 위원회 구성이 늘고 있기 때문이다. 중요한 업무는 여러 번 검증해야 하기에 전문성 있는 교원의 도움이 필요하다. 쓸데없이 불러대진 말아야 할 뿐이다.

학교를 잘 이해하고 지원할 수 있는 능력의 교원이 교육전문직원으로 선발되고 있는지 살펴야 한다. 공개 전형 응시 조건을 강화해야 한다. 교장처럼 학교 전체를 조망할 순 없어도 학교가 어떤 일을 하며 어떤 구조로 움직이는지에 대한 통찰 능력을 겸비한 교사가 추천되도록 해야 한다. 자격조건도 교무부장 3년 이상, 연구부장 2년 이상, 다른 중요 부장 교사 경력도 1년 이상으로 강화해야 한다. 교육전문직원으로 임용된 후에는 수습 기간을 제도화해야 한다.

교육전문직원 공개 전형에 교원이 몰리는 이유가 무엇인가? 교감을 비교적 쉽고 빠르게 할 수 있고 교사 교육전문직원 경력을 교감 상응직 경력으로 인정하여 교장 자격연수 대상자로 일찍 선정되기 때문이다. 교사 교육전문직원이 되면 교감 자격연수 대상자가 되어 교감 자격증을 취득한다. 교감 자격증을 취득한 이후부터 교감 상응직 경력으로 인정해야 하는데 지금은 교사 자격증을 가진 이전 교육전문직원 경력까지 인정하므로 일반 교감보다 경력점수가 높아서 일찍 교장 자격연수 대상자로 선정된다. 지금으로선 교장을 가장 빨리하는 방법이다.

교장 자격증으로 교육전문직원을 하면 그 경력만큼 교장 경력에서 제외하므로 8년 중임을 피해 가는 확실한 방법이다. 물론 수요가 많아서 다 뜻대로 되는 것은 아니지만. 따라서 교육전문직원에 의무 복무 기간을 두어 악용을 막아야 한다. 교장 자격증 소지자가 장학관 및 연구관의 교육전문직원으로 전직한 다음에는 학교 교장으로 전직할 수 없도록 해야 한다. 장학사, 연구사 전문직원으로 임용된 후 교감 자격증을 취득했으면 의무적으로 학교 교감으로 전직하여 몇 년 동안 의무 복무하며 학교 현장감을 익히도록 해야 한다.

교감과 교장은 벼슬이 아니다

교감이나 교장도 교사와 마찬가지로 학생을 지도하는 교원이다. 공격과 방어, 억압과 저항의 관계가 아니다. 자유로운 의사 표현과 지혜로운 의사 결정, 신뢰의 관계로 이를 타파하려면 직급 간의 교류가 활발해야 한다. 교감이나 교장이 학교를 좌지우지하는 특권 계급, 벼슬이 되면 안 된다.

일정한 경력, 교육자의 자질을 증명할 포트폴리오, 동료 교원 신뢰도로 교감과 교장의 업무 능력을 배양하고 증명할 심층 연수를 이수하면 자격증을 취득할 수 있도록 하자. 그런 자격증을 가진 교원 중에 학교 공동체 또는 학교 공동체의 추천으로 구성된 기구에서 교감이나 교장을 선정하여 추천하면 교육감과 대통령이 임용하여 일정 기간 재직하도록 하자. 물론 기한이 만료되면 교사로 복귀하거나 재응모할 수 있도록 하자.

교장선출보직제와 맥락은 같으나 자격증을 취득하는 연수 과정을 강화하여 자격의 전문성을 높이는 데 방점을 찍는 제안이다. 내 기억으로는 경기도교육청에서 교장 자격연수 과정을 이수하면 교장 자격증을 취득할 수 있게끔 하겠다는 발표를 했었다. 엄청난 반대에 부딪혀서 교장공모제에만 교장 자격증이 유효하게 하겠다고 수정했지만 결국 무산되었다. 지금의 승진 방법과 같이 시행하는 기간을 오랫동안 갖고 점차 확대 시행하겠다고 하면 반대는 좀 수그러들지 않을까.

공정하고 정의롭고 투명하게, 다양한 방법으로 임용되는 혁신적인 교원 승진제도가 없을까. 노회한 관리자가 아닌 유장한 관리자를 임용하는 교원 승진제도가 없을까. 교원 승진제도 혁신으로 교원끼리 '교감, 교장이 무슨 큰 벼슬이냐?'는 비아냥을 주고받지 않으면 좋겠다.

1

교원 역량이
연수를 향상되기를
바란다

교원연수는 '교원 등의 연수에 관한 규정 (대통령령 제31359호 일부개정 2021. 01. 05.) 제6조(연수의 종류와 과정)'에 '직무연수'와 '자격연수'로 구분하여 세분하고 있다.

　'제5조(지정연수) 교육감은 연수원이 실시할 수 없는 특수한 분야(제4조에 따라 위탁연수를 실시하는 경우를 포함한다)에 관한 연수를 위하여 필요하다고 인정할 때에는 특정기관을 지정하여 해당 연수를 실시하게 할 수 있다. 다만, 다른 교육감이 지정한 특정기관에서 연수를 실시하게 할 때에는 별도의 지정 절차를 거치지 아니할 수 있다.'에 특수분야 직무연수를 규정하고 있다.

'제1조(목적) 이 영은 「유아교육법」 제22조, 「초·중등교육법」 제21조, 「고등교육법」 제46조 및 「교육공무원법」 제37조부터 제42조까지의 규정에 따른 교원의 자격 취득에 필요한 연수, 교원의 능력 배양을 위한 연수 등을 위한 연수기관의 설치·운영과 연수 대상 등의 사항을 규정함을 목적으로 한다.'에 교원연수 목적을 교원 자격 취득과 교원의 능력 배양이라고 규정하고 있다.

'자격연수'는 앞에서 설명했으므로 여기서는 지금의 교원 직무연수가 교원의 능력 배양에 기여하고 있는지를 살펴보고자 한다.

교육부와 도 교육청과 교육지원청에서 주관하는 직무연수는 새로운 교육 정책의 안내, 설명, 궁금증 해소, 현장 정착 강화, 여론 수렴을 위해 실시한다. 대통령과 교육감이 바뀌고 교육 패러다임이 바뀌어 새롭게 도입되는 교육 정책이나 제도의 빠른 정착, 국가 수준 교육과정을 적용할 때 역시 마찬가지다. 그리고 연수 내용에 따라 대면과 비대면, 혼합으로 이뤄지고 내용 전달 방법은 강의식부터 체험까지 다양하다.

교사의 수업권과 학생의 학습권을 강화하면서 정규 수업 중에 교사의 연수 참여는 사실상 불가능해졌다. 심지어 주5일 수업제를 도입하면서 방학 기간도 짧아졌다. 수업에 지장을 주지 않는 직무연수 기간이 현저히 줄어든 것이다. 시급한 연수는 공문으로 대체하였고, 충분한 설명과 안내가 필요한 연수는 수업 후나 짧은 방학 기간을 이용하면서 압축 전달했고 횟수도 줄었다. 이를 보완하기 위해 원격으로 연수를 실시했다. 그 후 편리성과 민주성이 강점인 원격연수가 일반화되었고, 코로나19 대유행을 거치며 비대면 실시간 연수가 또 다른 연수 방법이 되었다.

교육기관 주관 직무연수를 강화하면 좋겠다. 나만 느끼는 현장 분위기일 수 있다는 전제로 주장한다. 지금 교원은 새로운 교육 정책을 잘 모른다. 알아도 내용보단 정책 이름만 겨우 아는 정도다. 알고 적용하려는 적극적인 관심은 없고 공문 내용대로 따르겠다는 소극적인 태도로 일관한다. 교원의 푸념과 나태, 나날이 확산하는 현실

안주의 학교 풍토가 직접적인 원인은 아니다. 교사의 수업권과 학생의 학습권을 강화하면서 교원의 교육 연구와 연수 시간이 줄었다. 이에 줄어든 시간에 교원을 한군데에 모으는 집합 연수에 대한 불만과 함께 교원 정도의 지적 수준과 책무성이면 굳이 아까운 시간을 허비할 게 아니라 공문을 통한 안내, 원격연수를 활용하면 책무성과 자발성으로 집합 연수에 버금가는 효과를 볼 것이라는 주장이 폭주했다. 나 역시 그랬다.

그렇게 연수 방법이 바뀌었지만, 생각만큼 자발성과 책무성이 발현되지 않았다. 정책이나 제도를 제대로 이해하지 않고 교원 개인의 교육 신념이나 철학에 따라 정책과 제도의 수용과 거부가 이뤄졌다. 교육 정책과 제도는 현장 개선보다 정치적 성향이 강했다.

인기 영합과 통치 수단에 항상 교육개혁이 있었다. 현장인 학교는 인기 영합과 통치 수단의 껍질을 벗겨서 학생들의 성장으로 이끌어야 했다. 그러기 위해서는 그 내용을 정확하게 알아야 해서 강제적인 직무연수에 불만 가득했지만, 그것으로 내용을 제대도 알게 되었으며 현장 교원의 꾸준한 이의 제기로 내용이 개선되어 학생 성장으로 이어졌다.

지금은 교원 각자의 성향에 의한 관심 분야에만 자발성과 책무성이 발현되어 본인의 신념과 그 반대의 신념에 대한 거부가 강화되고 있다. 그것을 타파하기 위해 교육 본질로 비판하며 수용하는 바른 태도가 필요하다. 그러려면 내용을 제대로 알아야 한다. 그 시작이 직무연수다.

직무연수를 활성화해야 한다

짧은 방학이지만 교육부, 교육청, 직속 교육연수원 주관 직무연수를 활성화해야 한다. 잠깐 거론하면 휴업일에 교원이 사용하는 41조 연수는 교원의 복무다. 학생이 등교하지 않는 휴업일에 근무지 외에서 교원 고유 업무를 하며 스스로 연수 주제를 정해 복무하는 교원만의 제도다. 그래서 41조 연수는 직무연수 시간으로 인정하지 않는다. 휴업일에 41조 연수로 직무연수를 할 수 없다는 주장은 잘못이다.

학기 중에 비대면 온라인 연수를 활성화해야 한다. 비대면보다 대면 연수가 훨씬 효과적인 것은 분명하다. 그래서 학기 중은 강의 중심의 비대면 온라인 연수 방법으로, 방학에는 이를 보완하는 대면 연수 방법이 좋을 것이다. 더불어 특별한 사정으로 사전에 허용한 연수자가 아니면 얼굴 공개를 원칙으로 하고 실시간 묻고 답하는 상호 소통으로 연수 몰입도를 높여야 한다. 코로나19 대유행으로 익숙했던 온라인 비대면 기술이 퇴색하지 않도록, 그런 기술이 거부감 없는 일상이 되도록 활용해야 한다. 코로나19 대유행을 완전히 벗어나지 않은 끝점인데도 그런 기술들이 추억거리가 된듯하다.

특수분야 직무연수

특수분야 직무연수 시간 인정에 인색해야 한다. 교직 직무와 직접 관련이 없으면 신청과 이수는 인정하되 직무연수 누적 학점으로 인정하지 않아야 한다. 직접 관련이란 연수 내용이 교직 실무 및 교육과정에 포함된 내용이어야 한다. 힐링과 웰빙을 주제로 한 연수도 필요하다. 하지만 그런 내용은 직무와 관련이 없고 승진하려는 직위나 직급의 능력 향상과도 관계가 없다. 그런 연수를 누적하여 승진 가산점을 비롯한 각종 가산점에 사용하도록 한 것은 연수 목적인 교원의 능력 배양 위배고 퇴행 조장이다.

전례가 깊어서 도 교육청이 단번에 일소하지 못한다. 미리 특수분야 직무연수를 신청하는 단체에 엄격한 기준을 안내하고 대처할 수 있는 충분한 기간도 줘야 한다. 그런 후에 직무 관련 심사를 엄격히 해야 한다. 늦었지만 특수분야 직무연수 변질을 막아서 원래의 연수 목적에 맞게 운영되도록 조치해야 한다.

교원의 수업과 업무를 방해하면서까지 교원연수 강제는 바람직하지 않다. 그래도 교원 능력 배양과 학생 성장의 원천으로 작용할 내용이면 연수해야 한다. 교원연수는 교원을 위한 민주성과 편리성을 고려해야 한다. 하지만 본래의 연수 목적보다 우선할 수 없다. 인기 영합과 정치 도구로 전락시키면 교육 방기다.

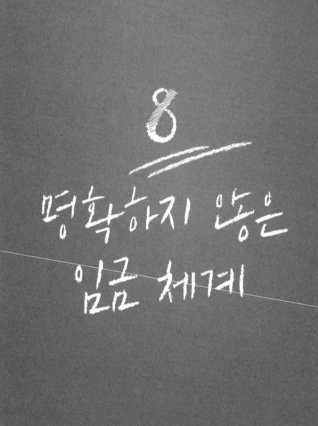

8

명확하지 않은
임금 체계

지금 교원은 단일호봉이다. 교감이 된다고, 교장이 된다고 별도의 호봉을 적용받지 않는다. 교사 초임 호봉이 보통은 9호봉이고 1급 정교사 자격증을 취득하면 호봉 승급이 한 번 있다. 경력에 따라 호봉이 올라가서 오랜 경력의 교원, 호봉 높은 교원의 임금이 많다. 교감이 된 시점에 제일 많이 들은 말이 "월급 올라가서 좋겠네."였다. "아니요! 나보다 경력 많은, 호봉 높은 교사가 월급 더 많아요."를 여러 번 말했다.

　1급 정교사 자격증, 교감 자격증, 교장 자격증에 따라 별도의 호봉을 적용하면 좋겠다. 1급 정교사 1호봉, 교감 1호봉, 교장 1호봉이 다르면 좋겠다. 많은 이유를 댈 수 있으나 책무성의 무게만큼 월급 체계가 다르면 좋겠다. 어떤 선배가 글을 보냈다.

교장은 4급 상당의 직위를 가지고 있어.
2023년에 고통 분담 차원에서 성과상여금을 동결시킨 것을 알고 있지?
국가 정책이니 싶어 그냥 교장단에서 얘기하겠지 해서 넘어갔는데, 4급 상당이라면······.
일반 공무원 4급과 교장들의 성과금,
일반 공무원 5급과 교감의 성과금,
차이가 크게 나는 것 같아.

또 2023년부터는 같은 호봉의 교장과 교감의 호봉 금액이 차이가 나.
교장은 4급 상당이라 동결, 교감은 5급 상당이라 인상.

문제점) 우리 교원들은 단일호봉 체제로 1급 정교사로 자격이 바뀌었을 때만 호봉 승급이 이루어지고 교감, 교장은 승급이 되지 않는다.

해결방안) 승진 시 호봉도 승급이 되면, 예를 들어 교육행정직처럼 9급부터 승진이 될 때마다 급에 따라 호봉이 달라지는데, 9급 1호봉 2호봉, 8급 1호봉, 2호봉 ~ 5급 1호봉 2호봉, 4급 1호봉, 2호봉 등.
그래서 같은 급수에 따른 월급 인상과 동결이 있더라도 상대적인 박탈감이 생기지 않음.

교사가 특정직이라고 하지만 교사는 몇 급 상당, 교감은 몇 급 상당, 교장은 몇 급 상당의 애매한 임금체계가 명확하게 개선되면 좋겠다.

9

교사와 학생에게
충분한 시간이
필요하다

초등학교 교사를 했고 초등학교 교감을 하고 있어서 중, 고등학교 상황을 짐작만 하고 있다. 지금부터 할 이야기는 주로 초등학교 상황이다.

교사가 학생을 잘 가르치기 위해서는 교재 연구, 생활 교육, 학생과 학부모 상담, 연수 등을 위한 충분한 시간이 필요한데 현실은 그렇지 않다. 학생은 정규 수업에서 배운 내용을 정리할 시간, 건전한 교우 관계를 위한 시간, 체력 향상과 건강 관리를 위한 학생 주도 신체활동 시간이 필요한데 현실은 그렇지 않다.

　　교사는 하루 8시간, 주 40시간 근무가 원칙이다. 지역과 학교에 따라 출근과 퇴근 시간은 다를 수 있어도 하루 8시간, 주 40시간 근무는 다를 수 없다. 학교 교육과정 운영, 타당한 근거에 의한 학교장의 요청, 타당한 근거에 의한 교사의 요구를 학교장이 승인하면 초과근무를 할 수 있고 수당을 지급한다.

아침활동 시간

　　교사의 일과는 아침에 출근하여 학급 학생들의 건강, 출결, 과제 확인, 학부모가 학교에 제출하는 각종 동의서 및 회신서 취합과 제출, 학급 학생들의 아침 활동 참여 및 소통, 때로는 교직원 회의 및 부장 회의, 공문 작성 등의 1교시 전 업무를 한다. 그런 일을 한 번에 다 하는 날은 아침부터 눈코 뜰 사이가 없다. 한숨 돌릴 겨를도 없이 빠듯하게 1교시를 시작한다.

중간놀이 시간

다른 교육청의 상황은 알 수 없으나 경남 교육청은 오전 중에 30분 정도의 학생 놀이 시간을 운영하도록 장려한다. 코로나19 대유행 시기에는 운영하지 않았고 지금 다시 운영하는 학교가 늘고 있다. 학생 놀이시간을 시작하면서 논란이 있었다. 놀이시간은 학생들의 쉬는 시간을 늘려주어 다른 학생과 자기 주도적인 관계를 맺으며 몸과 마음이 건강하고 행복한 학교생활을 위함이다. 그런데 학생 주도적인 부분을 제거한 교사의 지도를 전제로 사실상의 체육 시간으로 해석하거나 학생들의 안전을 위해서 관리하는 교사를 둬야 한다는 강한 주장이 있었다. 절충한 학교는 운동장과 놀이터에 다양한 놀이 종류를 안내하고 교사가 순번을 정해 관리했다. 학생 주도의 관계 맺음이 제거되어 놀이마저 교사가 안내하고 지도해야만 놀 수 있는 학생을 만들었다. 이 시간에 학생 관리를 하지 않는 교사는 동학년 휴게실, 특별실, 교직원 휴게실, 교실 등에 모여서 학교 일과 교장의 지시를 안내받고 가정통신문을 배분하며 학생 교육활동을 협의한다. 각종 위원회의 교사 위원은 이 시간에 개최되는 회의에 참여한다.

점심시간

점심시간은 학년과 학급별로 정해진 시간에 학생 급식을 지도한다. 저학년 담임 교사는 다양하게 밥을 먹지 않는 학생을 지도하느라 밥이 어디로 들어가는지 분간할 수 없다. 학교폭력이 발생하거나 난동을 부리는 학생이 있어서 교사는 수시로 고개를 번쩍 쳐들고 급식소 안의 학급 학생들을 두리번거린다. 더욱 교사의 진을 빼는 건, 교사로서 좌절감을 들게 하는 건 급식지도를 제대로 할 수 없다는 것이다. 밥을 먹지 않거나 비만인 아이가 지나치게 많이 먹어도, 편식하거나 태도가 좋지 않아도 최대한 친절한 말로 권장밖에 할 수 있는 게 없다. 여러 번 권장했다간 아동학대 빌미를 제공한다.

폭풍우 같은 급식이 끝나 겨우 차 한잔의 여유를 가지려고 하면 학급 학생들이 문을 벌컥 벌컥 열며 잡다한 제보를 올린다. 확인하러 뛰어가 보면 상황이 종료되었거나 제보 학생의 오해가 대부분이다. 예전에는 그냥 넘어갔으나 지금은 종료된 상황을 파악해야 하고 오해를 제보한 학생에게 사실을 알려줘야 뒤탈이 없다. 간혹 심각한 상황으로 진행 중인 경우는 우선 말리고 정해진 지침대로 해결한다. 점심시간에 위원회가 열리면 교사 위원은 참여한다. 위원회를 정규 수업 후에 하면 되지 왜 놀이시간과 점심시간에 하느냐고 반문할 수 있다. 지금은 정규 수업 시간이 끝나면 출장, 육아시간, 조퇴, 병가 등을 이용하는 교사가 많아서 위원회 개최가 힘들다. 따라서 부득이하게 그런 시간을 이용한다.

학생들은 점심시간을 어떻게 이용할까? 저학년은 점심시간을 급식 시간으로 다 채운다. 담임 교사는 가능하면 끝까지 남아서 느긋하게 밥 먹는 학생 곁에 있으려 하지만 밥을 먼저 먹고 교실로 간 대부분의 학생 지도를 위해 영양교사에게 한두 명 남은 학생을 부탁하고 황급히 교실로 가서는 가정통신문을 배부하고 알림장을 기록하게 한 후 급식소에서 올 학생을 초조하게 기다린다. 하교 지도를 마쳤는데도 급식소에서 학생이 오지 않으면 가방을 다 챙긴 학생을 돌봄교실, 방과후교실로 가게 하고, 학원, 가정으로 하교시킨다. 급식소에서 늦게 온 학생에겐 따로 하교를 지도한다. 학교 규모와 학교 사정에 따라 일과 운영이 달라서 저학년은 정규 수업을 마친 후에 급식 시간이 있을 수 있고 점심시간을 거친 후 오후 수업을 하고 정규 수업을 마치는 경우가 있다.

고학년은 점심시간을 알뜰히 사용하려고 급식 시간을 최대한 단축한다. 남은 점심시간을 이용하려는 학생들로 운동장은 북새통이다. 그나마 있는 이 바깥 활동 시간마저 미세먼지와 초미세먼지로 빼앗기는 횟수가 늘어난다. 학생들이 이용할 수 있는 체육관과 도서실은 학생 안전과 공평한 활용을 위해 이용 시간을 정해서 운영한다. 많은 학생이 교실에 머물 수밖에 없어서 갈등과 다툼이 생길 수밖에 없다. 학교폭력으로 이어지는 경우가 많아지고 있다.

정규수업이 끝나면

6교시 정규 수업이 끝나면 가정통신문 배부와 알림장을 적게 하고 방과후학교로 가게 하거나 학원이나 가정으로 하교시킨다. 예전에는 교실, 특별실 등의 학생이 사용한 장소의 청소를 했으나 지금은 자기 책상 주변 정리정돈만 한다. 교사는 교실의 나머지 공간, 학생 책상 주변의 미흡한 부분을 청소한 후 교실 전체를 정리정돈한다. 이러고 나면 오후 3시 30분쯤 된다.

퇴근까지 남은 시간 동안 짧게는 1시간 30분에서 길게는 2시간까지 내일 수업 준비, 교육과정에 의한 교육활동 기획과 기안문 작성, 담당 업무 공문서 작성, 전체 또는 동학년 단위로 요즘은 '전문적 학습공동체'라고 부르는 협의회 등을 한다.

성장을 위한 시간이 필요하다

학교의 관리와 지도에서 자유로운 자기 주도의 활동 시간이 충분하지 않아서, 그런 시간을 충분히 누리지 못해서 학생들의 자기 주도성이 떨어진다는 주장에 대해 이야기하자면 학생이 감옥처럼 자유 없이 정해진 시간에 딱딱 맞춰서 타율적으로 학교생활을 하는 건 아니다. 모든 학교생활에 학생의 선택을 존중하고 타인에게 행동이 제약받지 않도록 세세하게 살핀다.

교사 역시 모든 직장이 그러하듯 모두 바쁘지 않다. 바쁜 일이 닥쳐도 틈만 나면 동료 교사에게 밀쳐두고 자기만의 생활을 누리는 교사도 있다. 하지만 학생 안전 강화와 학생과 학부모의 맞춤형 요구가 증가하여 최근에는 교사들의 학교생활에 여유는 없다.

퇴근 후에도 교사는 시달린다. 학부모는 직장 퇴근 시간에 맞춰서 교사에게 전화한다. 별도의 상담 주간을 운영하지만 별 의미는 없다. 상담 자체가 문제가 있는 것이 아니라 상담 시간이 문제다. 그나마 부드러운 전화면 기분 좋게 마무리되지만, 늦은 시간에 전화했다는 건 예사롭지 않다는 것이다.

학교에서 교사가 갖는 시간이 충분해야 학

생에 대한 세심한 배려 기반의 알찬 교육을 준비할 수 있다. 학생이 주도적인 학교생활을 할 수 있도록, 나아가 창발적 학습을 통해 학교생활의 질을 높일 수 있도록 하는 것이 가능하다. 학생과 교사의 시간적 여유가 있어야 한다는 주장을 단순히 노는 것으로 호도하지 않기를 바란다.

식상하지만

교사가 학교에서 시간을 충분히 갖고 학생 교육을 알차게 하는 방법은 되풀이하는 주장 말고는 다른 방도가 없다. 교과목과 교과 내용 줄여야 한다. 단순 정보 제공과 생활을 위한 교과는 없애거나 꼭 필요한 내용만으로 통합해야 한다. 사회 변화로 필요 없어진 내용은 과감하게 삭제해야 한다. 줄어든 내용만큼 수업 시수를 줄여야 한다.

학생 교육과 전혀 관계없는 건물 관리나 시설물 유지 보수 등과 같은, 교사가 하더라도 하등 학생 교육에 도움이 되지 않는 행정업무를 못하게 해야 한다. 그런 일은 행정실의 전문성 있는 인력을 늘려서 해결해야 한다.

사회가 발달, 발전, 진보함에 따라 학교가 해야 할 일은 나날이 많아지는데 그런 일을 해야 할 인력 배치기준은 그대로다. 그래서 새로운 학교 업무가 생길 때마다 내 일이 아니라며 서로 갈등하고, 결국 교사에게 밀려든다. 이게 습관화되어서 이제는 새로운 일이 생길 때마다 당연히 교사가 해야 할 일처럼 인식한다. 구조조정이 다른 직종에서는 인력 감축이라면 학교에서는 인력 증원이 되어야 한다.

첨단 기술이 교육행정에 도입되어야 한다. 학생 교육에 필요한 만큼 교육행정에도 첨단기술이 필요하다. 학교의 물적, 인적 관리를 첨단 기술로 쉽게 관리할 수 있는데 고루한 방식을 고수한다. 오랫동안 쌓아온 데이터를 스마트하게 관리하고 응용할 생각은 하지 않고 여전히 데이터만 쌓고 있다. 교육행정이 스마트하게 바뀌어야 한다.

안전한 공간

학생 안전은 정말 중요하다. 하지만 학생

의 과도한 행위까지 안전한 환경은 없다. 그래서 위험인지 능력이 학생 안전교육에서 매우 중요하다. 단순히 '위험한 곳에 가지 마라.'는 교육이 아니라 안전한 환경도 위험할 수 있으니 위험 요소 사전인지로 예방하자는 교육이다.

학교는 다른 곳보다 안전한 공간이다. 과도한 행위를 일부러 하지 않는다면 학생의 위험성은 적고 다치더라도 가볍다. 가볍게 다치는 경험으로 위험성 행동이 줄어든다. 아쉽지만 날이 갈수록 학생들의 가벼운 상처가 위험성 행동을 줄이는 효과보다 가벼운 상처를 유발한 모든 것을 문제로 삼는 사회가 되었다. 이제 학교는 단 하나의 가벼운 안전사고까지 예방해야 하므로 학생을 늘 감시하고 통제하며 감독해야 한다. 따라서 학생이 주도적인 놀이 시간이 주어질 수 없다.

안전 생활의 과도한 강조와 책임 추궁은 인간관계 형성 능력을 가로막아 학생이 성장하며 더 큰 위험과 맞닥뜨릴 수 있다. 학생의 가벼운 상처를 너그럽게 치유하며 학생 주도로 충분히 놀 수 있는 시간과 공간을 주자. 그런 시간과 공간을 충분히 제공하는 사회로 만들자.

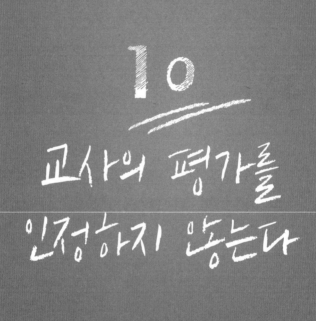

10

교사의 평가를
인정하지 않는다

교사의 정성 평가를 주관적이라 우기며 인정하지 않는다. 같은 교사까지도 교사의 정성 평가가 주관적이라며 정량으로 평가해야 한다고 강조한다. 학생을 가르치면서 가르친 관점으로 평가하는 교사의 전문적인 행위를 주관적이라 신뢰할 수 없다고 주장하는 것은 법령으로 정한 교사의 책무성, 도덕성, 권위를 전면 부정하는 행위다. 이 부정의 행위가 교육의 다양성과 창의성을 오랫동안 가로막았다.

우리 교육이 사회와 학생의 다양한 요구를 수용할 수 없는 획일화된 교육이라고, 창의성과 다양성 교육이 사라진 암기식 주입식 교육이라고 주장하는 사람들이 있다. 그러나 국가 수준의 교육과정을 살펴보라. 하다못해 교과서만이라도 살펴보라. 우리 교육이 정말로 획일성, 주입식, 암기식 교육에서 못 벗어났다고 할 수 있는지.

우리 교육을 수준이 낮다고 호도하며 무턱대고 외국 교육이 좋은 것이라고 우기는 전문 강사와 우리 교육의 극단적인 단상만을 일반화하여 폄훼하는 무리는(인기 영합주의 교원과 교육 관료가 포함된) 최소한 교과서만이라도 제대로 분석하고 그런 주장을 해라. 지금 얼마나 많은 교사가 얼마나 다양한 방법으로 학생들을 가르치고 있는지 살펴라. 엉뚱한 주장을 하는 교원과 교육 관료는 본인의 과거로 현재의 학교를 잘못 재단하는 오류를 범하지 마라.

하지만 이런 주장이 나타나는 현상 자체를 부정하진 않겠다. 그 현상이 일어나는 본질에 주목하자. 초등학교에서 상급학교로 갈수록 교육과정과 다르게 획일적 강의식 주입식으로 가르치는 경향이 있다. 왜 그렇다고 생각하는가? 교육과정의 문제인가? 교사의 문제인가? 학교 환경의 문제인가?

대학 입시의 문제다. 대학 입시는 교사의 정성 평가를 배제하는 객관성만을 요구한다. 추천서마저도 객관성을 앞세운 여러 제약 조건을 따라야 한다. 그런 추천서가 어떤 변별성이 있겠는가. 학생의 모든 성취와 성숙을 수치로 정량화하여 대학 입시 자료화해야 하는 상황에서 다양성과 창의성을 기르는 수업이 가능하겠는가. 치밀한 전략으로 대학에 들어가는 입시제도에서 어떤 교사가 다양성과 창의성을 기르는 치밀한 수업을 구상하겠는가.

객관이 평등한 정의라는 허상

수시의 일부 단점을 크게 부각하여 수능 점수대로 대학가는 정시가 객관적이고 평등한 정의라고 주장한다. 평등과 분배를 사회 정의라고 생각하는 진보 정치인과 교육자가 그런 주장을 하는 게 정말 안타깝다. 수시가 문제가 있으면 보완하면 된다. 그나마 학생의 성취와 성숙을 교사의 최소한의 정성 평가로 입시 자료화하여 대학가는 길을 좁히고 수능 점수로만 대학가는 길을 넓히면 고등학교 수업은 입시 학원과 별반 다르지 않을 것이다. 그리고 부모의 부에 의한 사교육이 수능 점수로 나타날 것이다.

정시 비율이 높아지면 가장 큰 피해를 받는 학교는 일반고, 특목고, 자사고 중 우리나라 고등학교를 가장 많이 차지하는 일반고이고 그중에서 지방 일반고다. 최근 정시 비율이 높아지면서 고등학교 1학년의 자퇴가 늘고 있다. 고등학교가 공교육의 역할보다 대학 입시 도구로 전락하여 고등학교 이전의 학력 격차를 고등학교에서 만회할 수 없는 현실과 고등학교 1학년 내신 등급을 2학년 3학년에서 만회할 수 없는 현실 때문이다. 사교육, 입시 전문학원의 힘을 빌려서 본인들이 원하는 대학에 가는 게 유리하다는 심산이다. 지금보다 정시 비율이 더 높아지면 이런 현상은 더 가속화될 것이고, 학교 밖 청소년의 관리가 사회 문제로 등장할 것이다.

학생의 출발점, 성취와 성장 과정의 차별적인 환경을 무시하고 시험 결과가 오로지 학생의 노력으로 얻은 객관적인 결과라는 주장은 허상이다. 그런 허상이 차별을 부추기고 사회 정의를 무너뜨려 기득권을 더 공고히 한다. 교사가 가르치고 평가한 자료가 가장 정확한 입시 자료다. 교사의 원천 자료를 신뢰할 수 있는 자료로 인식하는 사회 분위기 조성으로 부모의 부와 권력, 수도권과 지방, 도시와 농산어촌의 교육 격차를 줄여야 한다. 정의로운 입시제도는 학생의 성취와 성숙을 교사가 평가하고 입시 자료화하여 다양한 방법으로 대학 갈 수 있는 제도다.

교사를 신뢰할 수 없다며, 객관화된 시험 결과만이 정의로운 평가라고 강조할수록 공교육은 그 가치를 상실한다. 교사를 신뢰할 수 없어서 평가를 객관화할 게 아니라 교사의 평가 결과를 신뢰할 자료라고 인식하도록 제도 개선이 이뤄져야 한다. 교사의 권위와 신뢰, 학교의 역할을 추락시키며 교육혁신을 이루겠다는 허상에 현혹되지 말자.

교사의 평가권을 신뢰했다면 심각한 학교폭력을 일으키고도 반성은커녕 제대로 된 사과조차 하지 않는 학생이 원하는 대학에 갈 수 있었을까?

11

학교폭력,
아동학대,
교권침해라는
삼두마차

학교폭력, 아동학대, 교권 침해는 각각 독립적으로 일어나지 않는다. 하나의 직접적인 행위가 이 세 가지를 유발하기보다 발생한 하나의 문제를 법령으로 해결하는 과정에서 불이익(?)을 당하지 않으려고 다른 법령을 끌어와서는, 법정에서 학교의 법령 준수 여부와 법리해석으로 해결하려는 복합적인 문제로 변질시킨다. 법정의 복합적인 문제 해결 과정이 복합적인 갈등을 조정하는 화해와 치유로 작용하지 않고, 당사자를 대리한 변호사들이 죄의 유무를 공방하고 판사가 판정하면 당사자는 그 결과를 법적으로 이행하는 방식으로 작동한다. 결과에 따라 항소하고 민사 소송을 제기하기도 한다. 이 과정에서 학교는 중재나 조정의 역할을 전혀 할 수 없고, 오직 당사자들이 의심하며 제기하는 법령 위반 여부를 아슬아슬 위태롭게 방어만 할 수 있다. 그래서 학교는 이 세 문제가 발생하면 철저하게 법령이 정한대로 한다. 그렇게 하지 않으면 피해자만 있고 가해자가 없는, 오직 학교만이 책임져야 하는 지경에 이른다. 학교폭력, 아동학대, 교권침해라는 말 세 마리가 학교를 낭떠러지로 끌고 가는 형국이다.

학교폭력, 아동학대, 교권침해, 학교규칙 위반의 정의

가해자에 상관없이 피해자가 학생이면 모두 학교폭력이다.

가해자에 상관없이 18세 미만의 아동에게 가해진 정서적 신체적 학대 행위는 모두 아동학대다.

가해자에 상관없이 교육활동 중인 교원에

게 교원지위법에 위반되는 행위는 교권침해다.

학생이 학교규칙을 위반했을 경우 학교규칙 위반으로 학칙에 정해진대로 처벌받는다.

유형1

철이가 순이를 때렸다. 순이가 집에 가서 엄마에게 일렀다. 순이 엄마가 철이를 찾아가서 윽박지르며 꿀밤을 먹였다. 그리고 학교폭력으로 신고했다. 철이 아빠가 철이가 순이를 때린 것은 맞지만, 순이 엄마가 철이를 윽박지르고 꿀밤을 먹인 것은 아동학대라며 신고했다.

유형2

수업 시작부터 철이가 엎드려서는 앞에 있는 순이 의자를 발로 툭툭 차며 괴롭혔다. 웬일인지 순이는 선생님께 말하지 못하고 전전긍긍했다. 선생님이 철이에게 하지 말라고 타일렀다. 잠시 멈추는가 싶더니 다시 순이 의자를 발로 찼다. 선생님이 화가 나서 중단하지 않으면 뒤에 서서 공부하게 하겠다고 했다. 아랑곳하지 않고 철이의 행동이 반복되자 선생님이 화난 채로 다가서서 어깨를 툭툭 치며 뒤로 나가라고 했다. 철이는 뒤돌아 일어서서 툭툭 치는 선생님의 얼굴을 가격하며 네가 뭔 상관이냐면서 순이를 발로 걸어차고는 밀대로 복도 유리창 수십 장을 깨고 달아났다.

유형3

철이가 놀이터에서 순이에게 욕설과 함께 맞았다. 철이의 이마에 난 상처를 본 철이 아버지가 자초지종을 말하라며 다그쳐서 철이가 순이에게 맞았음을 알고 학교폭력으로 신고했다. 학교폭력 전담기구의 조사 과정에서 철이가 순이에게 맞기 전에 사이버상에서 순이의 험담을 심하게 했고, 그렇게 하지 말라는 순이의 강한 요구를 철이와 그의 친구들이 순이에게 사이버 테러를 가했음이 밝혀졌다. 철이의 친구 중에는 초등학교, 중학교 때부터 순이와 알고 지낸 인근 학교 학생이 포함되어 있었다. 순이 아빠가 학교로 찾아가서 순이 선생님의 멱살을 잡아 패대기치고 교무실 집기를 집어 던지며 난동을 부렸다.

유형별 분석과 처리

유형1의 경우에는 학생인 순이가 피해자이므로 학교폭력, 순이 엄마가 18세 미만의 철이를 신체적·정신적으로 학대했으므로 아동학대다. 학교는 철이와 순이는 학교폭력예방 및 대책에 관한 법률로 진행하고 순이 엄마는 아동학대로 신고해야 한다.

유형2는 학생인 순이가 피해자이므로 학교폭력예방 및 대책에 관한 법률로, 철이가 교육활동 중인 선생님을 때렸으므로 교권침해에 해당되어 교원의 지위 향상 및 교육활동 보호를 위한 특별법 시행령으로, 철이가 학교 규칙을 적용받는 학생이므로 복도 유리창을 깬 것은 학교 규칙 위반으로 처리해야 한다.

유형3은 철이와 순이, 철이 친구들은 학생이므로 학교폭력예방 및 대책에 관한 법률로 처리하는데 철이 친구 중에 인근 학교 학생이 있어서 인근 학교의 학교폭력 전담기구의 조사로 초등학교, 중학교 때의 학교폭력 내용이 밝혀지면 가해자와 피해자를 쉽게 추정하지 못할 정도로 대상자가 엄청나게 많을 수 있다. 이에 따라 해결 기간도 장담할 수 없다. 순이 아빠가 교육활동 중인 선생님에게 가한 위해는 교권침해에 해당하므로 교원의 지위 향상 및 교육활동 보호를 위한 특별법 시행령으로 처리할 수 있으나 교무실 집기를 부순 것은 학칙을 적용받는 해당학교의 학생이 아니므로 학칙 위반으로 처리할수 없고 별도로 손해배상을 청구해야 한다.

학교의 수난, 교원의 고통

앞서 설명한 사안을 처리해야 하는 학교는 어떻겠는가? 규모가 있는 학교의 경우 담당자와 처리하는 위원이 분산되어 있어서 그나마 위안이 될 수 있을 것이지만 소규모 학교라고 가정하면 교원이 학생 교육에 제대로 신경이나 쓸수 있겠는가? 까딱 잘못하다가 처리 기한과 절차를 준수하지 못하면 뒷감당은 오롯이 학교 몫이다. 감정적인 학교 몫이 아닌 법령 위반으로 교원이 처벌받아서 그 직을 올바로 수행하지 못할 뿐 아니라 배상까지 해야 할 지경에 이르렀다. 어느 교사가 상처와 고통뿐인 이 업무를 맡으려 하겠는가?

학교폭력 예방 및 해결 등 기여 교원에 대한 승진 가산점

교육부가 2012년부터 학교폭력 예방 및 해결 기여 교원에 대한 승진 가산점을 부여하기 시작했다. 2004년 학교폭력예방 및 대책에 관한 법률이 제정되었으니 2012년이면 학교폭력의 심각성과 학교폭력 처리가 학교의 큰 난제로 자리매김할 시기였다. 하지만 이 가산점은 학생을 지도하는 모든 교원에게 주어지지 않아서 또 다른 갈등을 낳았다. 전체 중에 40%만 받을 수 있고 매년 0.1점으로 최대 1점을 초과할 수 없다. 10년을 받아야 하지만 승진을 염두에 둔 교사라면 어떻게 해서든 이 가산점을 다 채운다. 하지만 승진에 관심이 없는 교사는 학교폭력 예방 및 해결에 이바지했음에도 가산점을 받기 위한 서류와 증빙자료 제출이 귀찮아서 신청서를 제출하지 않는다.

학교 규모가 크고 승진하려는 교사가 적은 학교에서는 승진하려는 교사 이외는 이를 회피하고, 학교 규모가 작고 승진하려는 교사가 많은 학교에서는 서로 받으려고 경쟁이 치열하다. 모든 교원은 학교폭력 예방과 해결에 이바지해야 하는 것이 책무다. 그런데 이 가산점이 교사를 학교폭력을 대하는 상반된 태도로 양분했다.

승진 가산점을 받지 않으려는 교사의 학급에 학생 간 다툼이 발생했다. 그냥 흔한 성장통인데 두 학부모가 서로 자기 아이를 두둔하며 화해하지 않으려는 모양새를 취한다. 가산점이 생기기 전에는 담임이 최대한 학생과 학생, 학부모와 학부모 사이를 중재하며 화해를 유도했다. 하지만 지금은 학부모가 서로 신경전을 벌이면 담임은 학교폭력으로 신고하여 처리되도록 유도한다. 담임은 그게 편하다. 굳이 학생과 학부모 사이를 중재하며 마음 졸일 필요가 없다. 학교폭력 관련 가산점을 받는 교사들이 처리하라는 태도를 보인다. 어떤 교사는 학생 간 다툼이 발생하면 먼저 학부모에게 학교폭력으로 신고하여 처리하도록 한다. 그러면 학부모가 지레 겁을 먹고 화해하기도 한다.

학교폭력 예방 및 해결 등 기여 교원에 대한 승진가산점이 전혀 도움이 되지 않는다고는 말할 수 없다. 그러나 예방과 해결에 전 교원이 힘을 다해도 모자랄 판에 큰 갈등으로 작용하고 있다. 갈등하며 얻은 교육전문직원으로 교감 승진하는 교사에게는 필요조차 없는 승진 가산점이 교감 역량과 무슨 상관일까. 승진 가산점으로 잘못된 정책을 유지하려는 대표적인 사례다. 교원이면 당연히 학교폭력을 예방하고 해결할 능력과 태도를 갖추어야 한다. 이런 가산점은 폐지해야 한다.

교권 침해는 아동학대로, 학교폭력은 소송으로 대응한다

교권 침해, 교육활동 침해행위는 교육 중

인 교원에게 해서는 안 될 행위를 한 경우다. 교원이 학교 안에서 학생과 학부모 또는 민원인에게 받은 폭행이나 협박, 허위사실 유포, 성적인 농담, 성희롱 등 피해를 받았다고 생각하는 모든 행위다. 공무집행방해 또는 업무방해, 정보통신망을 이용한 범법 행위는 정보통신망법으로 처벌한다. 조치도 아주 다양하다. 최근 신문 기사에는 교육활동을 침해한 학생은 퇴학 처분까지 가능하다고 보도하기도 했다. 학생 인권과 더불어 교원의 인권 강화로 처벌 수위가 높아지고 있다.

검사 출신 변호사가 고위공직자로 지명되었으나 아들의 심각한 학교폭력 연루사건으로 뜻을 이루지 못했다. 그가 피해자에게 진심으로 사과와 화해하지 않은 채 아들의 학교폭력 사건을 소송전으로 이끌어 소기의 목적을 달성했다는 보도가 이어지면서 학교폭력 가해자의 처벌이 허술하다는 여론이 들끓었다. 또한 학교폭력을 소재로 한 OTT 드라마가 인기를 끌면서 학교폭력 가해자를 응징해야 한다는 여론이 봇물 터지듯 튀어 나왔다. 이제 학교폭력은 처벌이 강화되어 대학 진학은 물론이고 취업까지 영향을 미친다.

처벌이 높아지고 강화되면 어떤 현상으로 이어질까? 일단 아니라고 발뺌하고 모든 수단을 동원하여 처벌을 면할 방법을 찾을 것이다. 가장 흔한 방법이 맞대응, 맞고소다. 교권 침해 학생의 학부모는 교육활동 침해를 교사가 저지하는 과정에서 아동학대를 했다고 고소한다. 학교폭력 가해자는 갖은 방법으로 허점을 찾으며 긴 소송전으로 대응할 것이다. 그 과정에서 교원과 학교, 피해 학생과 학부모는 2차, 3차, n차 피해에 시달릴 것이다. 그 질긴 수사와 소송을 겪은 교원과 피해 학생과 학부모가 온전히 치유될 수 있을까. 온전한 치유를 위해 또 소송을 벌여야 할까?

대세를 거역할 순 없다. 그러나

학교의 세 문제를 해결하는 방법의 대세는 처벌 강화다. 거역할 수 없는 대세다. 그러나 교육자로서 지금의 이 사태가 너무도 안타깝다.

대체 학교의 역할이 무엇이며, 또 학생은 어떤 존재인가?

더불어 학교의 모든 문제를 법으로 해결할 수 있는가?

또 누가 그 법을 집행해야 하는가?

학교의 역할은 사람마다 어떤 목적을 두느냐에 따라 조금씩 다르다. 그러나 궁극적으로 인간으로서 성장 중인 학생의 자아실현을 돕는 공교육 기관의 역할을 부정하지 못한다. 그렇다면 지금 우리나라 학교가 공교육 기관인가, 단순히 대학에 가고 취업하기 위한 수단인가? 과연 어느 쪽인가? 대통령마저도 교육개혁의 핵심 필요성을 자본주의 산업이 요구하는 인력 제공이라고 했으니 굳이 물을 필요가 없다.

학생은 인간으로 성장 중인 청소년이 아닌가? 청소년의 정의를 보라. 모두 '불안한 시기'로 정의하고 있다. 그런 불안한 학생이 저지른 행위로 인해 인간으로 성장하는 기회를 박탈한다면 학생의 지체된 인간성은 어떻게 만회할 수 있을까? 여러 가지 이유로 지체된 학생의 선한 인간성을 학교에서 교화하지 않으면 인간으로서 그 청소년의 앞날은 어떻겠는가?

현재 학교 안에서는 학교폭력, 교권 침해, 아동학대 등 심각한 문제가 있다. 그러나 그 원인은 공교육 기관인 학교가 입시와 취업 기관으로 전락했고, 교원의 권위를 꾸준히 추락시킨 우리 사회에 있다. 이를 그대로 둔 채 처벌만 강화한다면 공교육 기관으로서 학교의 역할과 불안정한 학생을 가르치는 교원의 권위는 아예 없어져서 학교폭력, 교권침해, 아동학대는 더 지능화·고도화될 것이다. 이는 우리 사회의 퇴행으로 이어지고 이로 인한 사회비용은 상상 이상일 것이다.

학교폭력 예방 및 대책에 관한 법률 제정이 세계 최초라며 자랑하던 정치인이 생각난다. 교육단체가 환영하던 모습도 생생하다. 교원이 학생과 학부모에게 시달릴 때 교육활동 침해 예방 및 대응법을 만들어야 한다고 주장했다. 지금은 잘못 적용되고 있는 아동학대 방지법에 대응해 학교생활지도법을 만들어야 한다고 한다.

가해자를 처벌하여 해결하려는 단순한 생각으로 만들어진 법이 지금의 학교와 교원을 얼마나 괴롭히고 있는지 살펴본다면, 그렇게 만들어진 법이 근본적인 문제를 해결하지 못하고 오히려 더 큰 문제를 일으키고 처벌을 강화하는 법 개정으로 이어져 학교와 교원을 더 괴롭히는 악순환의 구조를 안다면, 일부 교원과 교원단체의 주장(학교 문제를 법으로 해결해야 한다)이 더 섣부르다고 보이지 않는가.

법을 제정할 때 당사자이며 아무 권한이 없는 학교와 교원이 조사하도록 하지 말고, 국가 수사기관에서 수사하면 학교와 교원은 그에 협조하는 내용이어야 한다. 그렇게 법의 권위를 높여야 전복하려는 가해자가 생기지 않는다. 오죽하면 경찰에 신고만 하면 되는 아동학대 예방법이 더 편하다며 자조하겠는가. 학교는 교원이 학생을 가르치고 지도하는 곳이지 조사하여 판결하는 기관이 아니다. 학교와 교원이 하면 안 되는 일을 하도록 법으로 제정하지 마라.

클리셰의 회복과 엉뚱한 생각

 '학교는 학생, 교사, 학부모의 세 바퀴가 균형을 이루며 안전하게 앞으로 나아가는 세발자전거'라는 클리셰의 회복으로 지금의 학교폭력, 교권 침해, 아동학대를 슬기롭게 극복해 나가기를 갈망한다. 이 세 개의 학교 문제가 부를 창출하는 자본주의 대중문화 콘텐츠로 자리매김하여 학교는 그런 곳이라는 오해를 강화하지 않는지, 엉뚱한 생각을 한다.

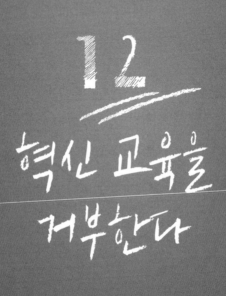

12

혁신 교육을
거부한다

교직 생활을 돌아보면 아찔한 몇 장면이 있다. 가끔 술자리에서 그 장면을 떠올리며 정말 무지했다고 한숨을 쉰다. 옆에 앉은 이가 지금 기준이 아닌 그때의 기준으로 생각하면 별다른 수가 없었다고 위안한다. 그런 위안이 순간적인 분위기 전환은 되지만 사그라지지 않고 반복된다. 그리고 그런 후회의 장면을 희석하기 위해 열정적이었던 몇 장면을 떠올리기 시작했다. 나름대로 자가치유 기제를 작동했다. 그 치유의 한 장면이 그때의 학교문화, 교수법, 교수학습 자료를 최신 버전으로 바꾸기 위해 나름대로 한 노력이다. 그 바탕에는 남들보다 좀 앞서 나가서 인정받으려는 출세욕이 작용했다. 그래서 한때는 여기저기서 강의하며 꽤 잘나가는 교사였다. 지금에선 꽤 부끄러운 한 장면이다.

열린교육을 회상하며

1993년 첫 발령을 받자마자 책으로 열린교육을 공부했다. 교실에 알게 모르게 도입하며 소소하게 실천했다. 열린교육을 방해하는 전근대적인 학교문화에 저항하며 벌떡교사, 반골교사라는 상이 만들어졌다. 그 당시에 선배나 동료 교사가 위안하며 많이 한 물음이 교실에서 소소하게 실천하면 될 일이지 사사건건 학교 일에 간섭하여 갈등을 일으켜 학교 분위기를 불편하게 하느냐였다. 수업을 바꾸기 위해서는 학교문화가 계급이 통치하는 봉건에서 벗어나 교사중심의 평등한 문화로 바뀌어야 한다를 말하고 싶었다. 용기가 없어서, 그 이야기를 할 때쯤에는 다들 술에 취해서, 더 이야기하려면 말을 끊고 술을 권하는 선배가 있어서 그 말까지 나아가진 못했다.

내가 옳음을 증명하려 열린교육 강의나 외국 사례를 빼놓지 않고 우리 교실에 맞게 변형해서 실천했다. 어느 날 도 교육청에서 열린교육을 강조하고 열린교육연구회가 시·군을 순회하며 선봉에 섰다. 설레는 마음을 억누르며 열린교육연구회 주관 연수에 참가했다. 한 시간을 채 듣기 전에 실망했다. 열린교육 정신은 없고 수업 기술만을 강조했다. 도 교육청의 지원을 등에 업은 열린교육 주동자들의 강압적이고 강제적이며 형식적인 일반화는 열린교육을 수업 기술로 전락시켰으며 '교실 문을 열고 수업하면 열린교육'이라는 조롱으로 이어졌다. 그리고 소멸했다.

열린교육이 학교와 수업에 아무런 영향을 끼치지 않았거나 악영향만을 끼쳤는가로 묻는다면 그렇지는 않다. 어찌 되었건 열린교육의 정신과 수업 기술은 모든 학교와 교실 수업에 선한 영향을 끼쳤다. 다만 그렇게 공들인 만큼 교원의 주도성으로 나아가지 못한 게 아쉽다.

혁신학교를 말하기 전에 한참 지난 열린교육을 끄집어낸 이유는 그것들의 진척이 상당히 유사하기 때문이다. 지금의 혁신학교를 주도한 교원 대부분이 열린교육이 유행할 때 교육청 주도와 형식에만 치우친 일반화를 비판했었다. 그런데 과거의 교훈을 망각한 채 똑같은 방법인 행정 권력, 예산 지원, 특정 교원들로 일반화를 단시간에 이루려 했다. 여기에는 교육자로의 마음보다 치적으로 정치적 야망을 이루려는 욕심이 앞섰을 것이다. 혁신학교는 결국 열린교육의 결과에 이르고 말았다. 지금의 혁신학교 상황이 아주 안타깝다.

경험을 근거로 혁신학교를 말한다

경험을 앞세우기 전에 혁신학교 공부를 게을리하지 않았고 혁신학교 일반화를 위해 노력을 아끼지 않았음을 분명하게 밝힌다. 더불어 경상남도교육청에선 혁신학교를 행복학교라는 이름으로 도입하였다. 그래서 내 경험은 경남교육청의 행복학교 경험이 근거다. 그리고 지금도 나는 혁신학교든 행복학교든 그 정신이 교원들의 주도로 다양한 방법으로 발화하기를 소망한다. 소멸이 아닌 부흥을 위한 비판이다.

다수결의 원칙과 협동의 도그마

왜 다수결의 원칙과 협동의 도그마에 빠졌을까? 혁신학교의 일반화를 위해 민주적 학교 문화 정착을 선행하려는 시도는 좋았다. 그런데 다수결에 의한 의사 결정과 협동(학생은 협동수업, 교직원은 집단지성)을 민주적 학교 문화의 정착 방법으로 선택했을까? 민주적 학교 문화의 적은 관리자여서 관리자의 의사를 민주적인 방법으로 배제할 목적으로 다수결에 의한 의사 결정을 내세웠고, 기존 교육을 비인간적인 경쟁으로 규정하여 인간성 회복을 위한 교육으로 나아가기 위해서 협동을 내세웠다. 이렇게 이분법으로 갈라 주장을 하는 게 간단명료하여 공감을 얻기가 쉽다. 그리고 교원이면 한 번쯤은 관리자의 벽에 막힌 적이 있고 여러 가산점을 얻는 과정, 전보와 승진에서 졸였던 마음과 상심의 경험이 있어서 본능적으로 공감했을 것이다.

하나의 방법으로 실천해야 할 일을 토의와 토론으로 숙의했는데도 결정하지 못했을 때 다수결로 결정할 수밖에 없다. 토의와 토론의 과정에서 소수의, 1인의 의견이 현명하면 그것으로 결정할 수 있다. 의제에 따라 경험과 전문 지식으로 결정할 수도 있다. 그런데 처음부터 모두의 참여를 위한다며 무조건 한 명씩 돌아가며 의무적으로 말하게 하곤 다수결로 정하는 게 민주주의인가. 민주주의의 목적은 평등한 참여와 현명한 결정이다. 특히 학교는 학생들의 성장을 위한 최선을 선택해야 한다. 목적인 최선을 후퇴시키는 형식적인 다수의 참여가 민주주의라 할 수 있는가.

전 교직원이 참여하는 교무회의의 법제화로 다수의 참여로 다수결로 결정하려는 강압을 시도하며 관리자를 혁신학교 방해 세력으로 간주했다. 관리자를 대상으로 한 여러 연수회, 혁신학교 관리자 연수회를 통해서 관리자를 거침없이 호도하며 혁신학교 주도 교원이 교육적 올바름이니 그들의 행위에 동조하라고 다그쳤다.

정말 어리석은 전략이었다. 현행 법령에서 학교장의 결정보다 우선하는 결정자는 없다. 학교장의 권한을 일부 위임받은 교감의 결정 권한을 대신할 수 있는 결정자도 있을 수 없다. 이런 상황에서 관리자를 혁신학교 방해 세력, 제거해야 할 세력으로 규정할 게 아니라 함께 할, 함께 해야만 하는 중요한 세력으로 포섭해야 옳았다. 하루아침에 학교의 성장을 방해하는 반민주적인 세력으로 지탄받는데 어느 누가 동조할까.

경험, 성장, 지식과 지혜의 정도를 인정하지 않는 다수에 의한 결정을 강요하려다 보니 지금의 학교 문화를 상당히 호도했다. 혁신학교를 선도하는 이들의 강의에선 어김없이 1960~80년대의 학교와 교실 환경이 등장했고, 그때 그들이 부당하게 겪은 비민주적인 의사 결정 사례가 단골 내용이었다. 당신은 그때 그것을 개선하기 위해 어떻게 노력했냐고 물으면 본인은 그것을 개선하기 위해 승진했다고 답하며 자기모순에 갇혔다. 지금의 학교 문화를 제대로 분석하지 못하면서 개선하자고 주장할 수 없다. 그때의 학교와 지금의 학교는 달라도 너무 다르다.

학교가 경쟁으로 무너지고 있는지, 학생들이 살인적인 경쟁 교육에 내몰려 하루하루가 견디기 힘든 지옥 같은 나날인지, 설령 그렇다면 무조건 협동 교육으로 해결할 수 있는지에 대한 냉철한 연구가 먼저 필요했다. 그리고 우리가 공들여 쌓아 올린 지금 교육의 전면적인 부정이 아니라 개선의 방향과 방안을 선명하게 제시해야 했다.

혁신학교가 우리 교육이 안고 있는 문제를 전면적으로 개선할 수 없다. 관습적인 경쟁풍토, 불안으로 경쟁을 부추기며 무조건 사교육에 의존하게끔 종용하는 인습, 일등이 아니면 과정에서 얻은 지혜와 성장을 실패로 규정하는 승자독식의 성과주의 평가를 협동 교육만으로 해결할 수 없다. 그리고 모든 교육내용을 협동만으로 가르칠 수 없고 학생들의 동기유발과 성취를 위해서는 오히려 협동보다 경쟁을 유도해야 효과적이다. 협동할 땐 협동하고 경쟁할 땐 경쟁하고, 경쟁으로 협동을 유도하고 경쟁으로 협동을 보완하는 전문성이 필요하다.

우리가 이룬 우리 교육을 부정하는 혁신학

교 일반화 전략은 편을 갈라 갈등을 낳았고 그
것이 정치화되어 혁신학교의 소멸로 이어지고
있다.

행복한 고립으로 일반화를 시도했다

혁신학교를 전혀 모르는 교원이면 몰라도
혁신학교에 대한 조금의 지식만 있어도 혁신학
교를 거부할 억지 이유를 내세울 수 없다. 다만
수용하고 안 하고의 태도 문제일 뿐이다. 그래
서 초창기 혁신학교 일반화를 주도한 교원은 아
마 '이처럼 좋은 교육을 하자는데 거부하지 않
을 것이다.'라는 자신감이 있었을 것이다. 그런
데 실상은 기대와는 달리 일반화의 속도는 느렸
고, 범위도 확장되지 못했다. 그래서 혁신학교
교원연수를 강화했고 뒤이어 예산까지 지원했
다. 그런데 이 연수 내용이 혁신학교의 철학 공
유보다 형식과 절차를 강조하며 각 학교가 처
한 상황과 환경을 고려하지 않았다. 그저 하라
는 형식대로 하면 혁신학교가 되었다. 특히 학
교 예산이 부족하여 본인이 하고자 하는 교육활

동을 하지 못했던 학교장은 혁신학교의 형식만을 충족시키곤 실제론 본인이 하고 싶었던 교육 활동을 종용했다. '이게 뭔 혁신학교냐!'라는 불만이 터질 수밖에 없었고 혁신학교 일반화에 대한 거부가 강화되었다.

혁신학교 일반화를 주도하는 교원들의 태도에도 문제가 많았다. 가장 큰 문제는 그들의 혁신학교 철학과 형식을 강요할 뿐, 혁신학교의 일반화 과정에서 대두된 문제를 보완할 생각과 태도는 아예 없었고 그것을 해결할 방법이 혁신학교가 아닌 학교와의 소통이었는데 거부했다. 혁신학교와 혁신학교가 아닌 학교와의 평등한 소통이 이루어지지 않았다. 이는 혁신학교보다 혁신학교가 많지 않았던 상황에서 심각한 문제였음에도 해결할 의지가 없었다. 오로지 '우리가 하라는 대로 해라.'는 강요만 있었다. 그들 중심의 연구회 역시 학교에 근무하는 교원과의 소통을 차단했다. 그들의 빗나간 자부심이었는지는 모르겠으나 그들만의 경계선을 철통같이 방어했다. 물론 그들은 개방했다고 주장한다. 하지만 그들의 경계선 안에서 소통한 교원은 하나

같이 '모르는 소리 하지 마라.'는 그들의 고약한 입버릇에 말문을 닫고 경계선을 벗어났다.

혁신학교 안에서도 같은 상황이었다. 주도하는 교원들이 그렇지 않은 교원을 일방적으로 끌고 가며, 따라오지 않으면 나무라며, 결국에는 배제하며 그들만의 소통을 추구했다. 그들은 자발적 단절로 행복한 고립을 추구했다. 그런 고립으로 일반화의 수단은 오로지 도 교육청의 예산 지원뿐이었다. 예산을 지원하지 않는다면 혁신학교를 운영할 학교는 몇 없다. 노골적으로 예산을 지원받기 위해 혁신학교 지정과 유지를 원한다고 이야기한다. 혁신학교의 일반화를 주도하는 교원보다 혁신학교의 철학과 교육 방법으로 학생을 더 잘 가르치고 학교를 더 잘 경영하는 교원은 오히려 혁신학교 교사라는 별칭이 싫어서 혁신학교 지정을 회피한다. 예산 지원으로 혁신학교가 늘어나는 사실을 뻔히 알면서도 혁신학교가 정착기에 들어섰다며 도 교육청에서 추진하던 혁신학교 업무를 지역교육지원청으로 떠넘기며 3기를 추진하고 있다. 나는 이를 혁신학교 추진동력 상실의 방증으로 여긴다.

늦었지만 혁신학교를 계속 추진하려면 '혁신학교'가 아닌 '학교'에서 배워야 한다. 이제 혁신학교는 혁신학교가 아닌 학교 교원의 열정과 전문성, 우수한 교육과정을 적극 수용해야 한다. 혁신학교가 아닌 학교에서 혁신학교를 견인하도록 겸손하게 호소해야 한다.

성장 없는 주도자들

교육에 대한 열정과 가르치는 보람으로 교육혁신을 선도하는 교원이 있다. 주변에 소문이 나고 그런 교육을 따라 하려는 교원이 생긴다. 선도하는 교원이 근무하는 학교를 벤치마킹하기 위해 줄을 잇고, 선도하는 교원은 그런 교육을 배우려는 연수회에 적극 참여하며 일반화를 꾀한다. 학교 벤치마킹과 연수회에서 배운 내용을 제도로 일반화하려는 교원이 생긴다. 이런 2차 주도자들이 행정과 결탁하여 정형화하고는 마치 최고의 교육인 양 강압적인 일반화를 추진하며 원성을 산다. 원래 혁신 교육을 선도한 교원은 그런 2차 주도자들의 형태를 비판하며 그들과 선을 긋는다. 이제 2차 주도자들이 연수회와 컨설팅으로 혁신 교육을 주도하며 그들을 따르는 3차 추종자를 양산하며 혁신 교육보단 입신에 몰두한다. 3차 추종자들은 원형의 혁신 교육을 모르고 무조건 일반화를 지속해야 하는 책무성을 떠안고는 현장과 동떨어진 온갖 사변적인 교육 방법을 창안하며 현장과 더 분리된다.

혁신학교 1기 교원은 혁신 교육이 최고의 교육이 아니어서 끊임없는 연구로 더 나은 혁신 교육으로 나아갔지만, 2기와 3기는 혁신 교육 그 자체가 지고지순한 최고의 교육이어서 다른 새로운 교육을 도입할 의지가 전혀 없고 오히려 배제해야만 한다. 2기, 3기 주도자들의 성장 정체가 혁신학교가 확장성을 발휘하지 못한 근본 원인이다.

지금껏 그들은 일반화의 부푼 꿈을 안고 혁신학교 관리자와 담당 교사를 억지로 불러모아 모둠 지어놓고선 포스트잇을 전지에 붙이는 연수를 금과옥조로 떠받들고 있다. 식상하여 소극적인 교원들을 탓하며.

혁신학교 수준이 충격이었다

관리자가 교사들을 다그칠 때 자주 하는 말이 '아이들이 좋아한다.'이다. 아이들이 좋아하지 않으면 하지 말아야 한다로 귀결되는 교육자의 모순적인 태도다. 혁신학교 교원들에게 혁신학교 교육과정의 질이 낮다고 물으면 똑같은 대답을 한다.

혁신 교육, 아니 모든 교육은 학생 성장을 위한 교원의 의도된 행위에서 비롯된다. 교원의 전문성은 재미없는 내용을 재미있게 배울 방법을 모색하는 활동을 포함한다. 그런데 그들은 교육의 질을 떨어뜨려 학생의 재미를 추구했다. 그들의 전문성이 떨어져서, 안락한 학교생활을 누리려다 보니 교육의 질이 떨어졌는지 알 수 없으나 그들은 그것을 지적하는 교원들에게 '아이들이 좋아해서'로 변명한다.

좀 더 고급스러운 항변은 공부를 교과 공부에만 국한하고는 인성교육, 민주시민교육, 환경과 생태 교육, 인권 교육을 대립시킨다. 자신은 잘 가르치는데 학교는 그런 교육을 등한시하고, 공부 잘하는 학생은 그런 교육이 부족한 학생이라고 호도하는 신호를 보낸다. 학생 공부에 당연히 포함된 그런 내용을 그들만이 강조한다는 신호는 공교육에 종사하는 동업자의 윤리를 저버리며 우리 교육의 신뢰를 떨어뜨리는 자해 행위다.

전문적 학습공동체

지금은 학교 안팎의 교직원 모임을 '전문적 학습공동체'로 이름 붙이는 게 자연스럽다. 어떤 교원은 전문적 학습공동체의 '학습'의 해석을 '연구'가 빠진 수동적인 교원으로 역할 규정했다며 이의를 제기한다.

전문적 학습공동체를 이름 지은 교원이 그걸 염두에 두었는지는 모르겠으나 결과적으론 교사를 수업 기술자로 전락시켰다고 본다. 교원 전문성을 신장하는 모임에 연구 기능이 빠졌으니 배워서 익히는 학습이 주된 내용이었다. 그나마 학생 성장을 위한 교원 학습 모임만이라도 제대로 했으면 괜찮았는데, 전문적 학습공동체

활성화라는 목표를 이루려고 학생 교육과 관련이 적은, 온갖 조작적인 취미활동을 부추겼다. 그런 취미활동 활성화를 위해 방해하는 기존 학교문화를 폄훼하며 해체했다. 대표적인 사례가 '교직원 직원체육 연수 금지' 주장이다. 교직원 체육 연수를 운영하는 형태는 주야장천 배구만 하는 학교, 교사 동아리 형태로 운영하는 학교, 동학년 단위나 개인 자율로 그 시간을 활용하는 학교 등으로 다르다. 어떤 형태로 운영하든 그 시간은 일주일 동안 꽉 짜인 학교 일과 중 유일하게 교원에게 쉼을 제공하는 시간이다. 그 시간을 전문적 학습공동체로 운영하기 위해, 일과 중에 교직원이 하면 안 되는 배구 체육활동을 불법으로 하는 시간이라며, 이 시간을 운영하는 학교와 활용하는 교직원을 공공기관과 공무원으로서 해서는 안 될 일을 하는 것처럼 호도했다. 배구를 못하거나 하기 싫으면 안 하고 다른 활동을 하면 되는데, 내가 하기 싫으니 모두 하면 안 된다는 억지로 쉼을 빼앗아 둘러앉아 간식을 먹으며 담소를 나누는 전문적 학습공동체의 효과가 얼마나 되었는지 의심이 가득하다.

그 시간에 나눈 담소로 교실 수업과 학생에게 얼마만큼의 변화가 있었는지, 실천이 없는 관념에만 머물지 않았는지, 내용과 상관없이 전문적 학습공동체 운영 그 자체가 혁신학교라며 우쭐하지 않았는지 반성해야 한다.

학교 밖에서 이루어진 전문적 학습공동체는 또 어떠했는가. 멀쩡한 학교를 놔두고 일과 중 카페에서 담소 즐기는 게 교원의 전문성을 높이는 효율적인 방법인가. 아주 예전에 같은 지역의 각 학교 동학년 교사끼리 특정 학교에 모여서 교육과정을 협의하는 게 훨씬 더 효율적이었다. 교원 전문성 신장이라는 목적을 상실한 전문적 학습공동체로는 혁신학교의 수준을 끌어올릴 수 없다.

프로젝트 학습

프로젝트 학습이 역량을 기르는 학습법이라며 지식을 쌓는 암기를 금기시했다. 지식이 없는 학생이 어떻게 자기 주도성을 발휘하여 세상을 살아갈 역량을 신장할 수 있다는 것인지,

지식과 경험이 자기 것이 되는 '체화' 없이 어떻게 현재와 미래를 살아갈 역량을 체득할 수 있는지에 대한 고민 없이 암기를 우리나라 교육의 병폐라 규정한 후 암기식 학습을 극복하는 방안이 프로젝트 학습이고, 혁신학교는 주입식 암기 교육을 배제한 역량을 기르는 학교임을 강조하기 위해 학생의 모든 활동에 프로젝트 이름을 붙였다.

학생 성장에 필요한 인지적, 정의적인 여러 요소가 포함되어야 할 프로젝트 학습이 단순 조사학습이나 협동학습에 머무른 경우가 허다했다. 그런 프로젝트 학습 결과를 공개했을 때 교원은 하나같이 혁신학교의 학력을 의심했다. 도시 혁신학교의 어떤 학부모는 노골적으로 공부는 학원에서 하니까 학교는 바쁜 부모를 대신하여 체험학습을 많이 해주면 좋겠다고 한다.

혁신학교 학생의 학력을 의심하는 여론이 높아지면서 기초·기본학력을 강조했다. 여기에 더해서 코로나19 대유행으로 양극화된 학력 격차를 줄이기 위한 다양한 학습 지원의 목표가 기초·기본학력의 성취였다. 이런 현상으로 기초·기본학력이 마치 해당 학년의 학력 성취 기준이 된듯하다. 그러나 이것은 해당 학년의 학습을 위해서 필요한 학력일 뿐이다. 기초·기본학력이 부족한 학생이 없다고 하여 해당 학년의 학습을 성취한 게 아니다. 지금의 이런 분위기가 상당히 우려스럽다.

다모임과 동아리

전문적 학습공동체만큼 다모임과 동아리가 중요하다. 다모임은 학생, 학부모, 교직원으로 나뉘고 동아리도 학생, 학부모, 교직원으로 나뉜다. 전문적 학습공동체가 배움을 위한 활동이라면 다모임과 동아리는 자기 주도성을 발휘하여 배움과 지원 역량을 기르는 활동이다.

학생 다모임은 학생이 학교 교육과정에 참여하여 학생 중심의 학교를 만들기 위한 활동이다. 그동안 학생 의견을 소극적으로 들어주는 행위에서 벗어나 학생 스스로 학교의 주인이 되기 위한 활동이다. 따라서 그 형태가 학생 자치회의 성격이 강하다. 초창기에 교원이 학생들과 소통하여 학생 다모임의 방향과 성격을 바로 잡아야 하는데, 교원의 개입을 최소화한다는 명목으로 학생에게만 맡겨두면 생일잔치 수준에 머문다. 학생의 성장을 위해 적절하게 개입하는 고도의 전략이 있어야 학생 다모임이 활성화된다.

학생 동아리는 동아리를 정해놓고 부원을 모집하며 학생 주도로 조직하고 자율적으로 운영한다. 여기에도 교원의 적절한 개입과 지원이 있어야 취지에 부합한 동아리 활동으로 이어진다.

학부모 다모임과 동아리는 소통과 지원 역할이어야 한다. 혁신학교 교감으로 근무하면서 가장 힘든 부분이 학부모와 소통하여 합리적인 지원과 학교 교육력을 높이기 위한 성장을 이루는 것이다. 학부모의 자발적인 참여를 위해 식사를 비롯한 인센티브를 제공할 수 있으나 그 인센티브의 향유가 학부모 다모임과 동아리의 주요 활동이 되는 경우가 허다하다. 행복학교 담당 교사가 학부모의 식비와 간식비, 동아리 활동 경비 지출을 위해서 학교 카드를 들고 다

녀야 하는 불합리를 예방하려면 학부모 다모임 및 동아리와 학교와의 관계를 분명히 해야 한다. 필요한 경우 외부 소통 전문가의 강의와 진행으로 합리적인 참여와 소통력을 향상해야 한다. 학교장이 학부모의 인기를 얻으려고, 학부모는 학교 예산으로 취미를 즐기려고 다모임과 동아리를 운영하는 것은 혁신학교가 할 일이 아니다.

학부모 다모임에서 학교 교육과정을 수시로 의논하여 반영하고, 학부모 동아리는 학생 교육활동을 지원하는 역할이어야 한다.

교직원 다모임은 회의 시간이 아니다. 교직원 동아리는 힐링 시간이 아니다. 만약 그렇게 운영하면 혁신학교를 빙자한 학교의 퇴행이다. 소통과 친교 활동으로 서로를 이해하는 행복한 시간, 학생 교육활동을 위한 인문학과 예체능 기능 향상을 위한 시간이면 좋다. 무엇보다 중요한 것은 교사들의 자발적 참여에 의한 교사 주도의 자율적 운영이어야 한다. 교직원 다모임과 동아리가 제대로 운영되어야 혁신학교가 순조롭게 출발한다.

혁신학교 성과 나눔

혁신학교에 근무하면서 가장 큰 충격을 받았었던 게 '혁신학교 성과 나눔 행사'였다. 행사의 목적은 혁신학교로 성장하는 학생, 학부모, 학교의 모습을 포스터와 공연, 강의로 상호성장을 도모하고 자랑하여 확장이라는 일반화를 꾀함이다. 그런데 그 형편 없고 정선 안 된 실적물, 수준을 논할 수 없는 강의 내용, 여느 행사와 다름없는 학생 동원 공연과 이벤트, 특히 아이돌만큼 팬덤을 형성한 교육감에 대한 연호 장면은 혁신학교의 수준을 적나라하게 드러냈다.

혁신학교 관계자들만 구호를 외치며 자화자찬하는 행사였다. 혁신학교가 아닌 학교에서 참여한 교원은 극히 일부였고 그들마저 인상을 찌푸리며 혁신학교에 대한 강한 거부 반응을 일으켰다. 혁신학교의 일반화가 아닌 소멸을 부채질하는 행사였다. 지금도 그 장면을 잊을 수 없다. 교육감 팬덤 정치의 시작이 혁신학교다. 이

행사에 참여한 후 혁신학교 교감이라는 게 부끄러웠다.

혁신지구

혁신지구는 초, 중, 고 모두 혁신학교와 연계하여 지역과 결합하거나 학교급의 연결이 아니더라도 혁신학교와 지역이 혁신학교 철학을 공유하여 학교 경계를 지역으로 확장한 개념이다. 그래서 지역이 혁신학교를 지원할 충분한 역량을 갖고 있어야 한다. 그리고 혁신지구는 혁신학교를 지원하는 역할이어야 한다. 학교에서 마을 교사가 필요하면 활용하고 체험 공간이 필요하면 혁신지구에 요청하는 구조여야 한다. 혁신지구 내 체험 사업장의 영리 추구를 위해 학교와 학생이 동원되고 그 경비를 교육청이 지원하는 구조가 되면 안 된다. 영리 추구가 목적인 사업장에서 혁신 교육이 이루어질 리가 없지 않은가. 그렇게 변질된 이유를 모르는 것은 아니지만 영리 추구로 변질된 혁신지구는 교육 본질로 혁신하고 마을 교사의 역량도 철저하게 검

증해야 한다. 아무나 학생을 가르치게 해선 안
된다.

혁신학교를 포기하라

지금의 혁신학교는 최고의 학교가 아니다.
최고를 지향하는 학교도 아니다. 끝없는 쇄신이
필요했던 혁신학교는 일반화를 위한 정형화의
모순에 빠져 정체, 퇴행하고 있다.

어떤 이는 혁신학교를 혁신해야 한다고 주
장한다. 나는 혁신학교가 도약하려면 지금의 혁
신학교를 포기해야 가능하다고 주장한다. 혁신
학교의 철학과 실현할 다양한 방법은 이미 모든
학교와 수업에 도입되었다. 어떤 학교는 혁신학
교보다 더 혁신적으로 교육을 혁신하고 있다.
어떤 교사는 혁신학교 주도자들보다 더 뛰어난
열정과 전문성으로 수업을 혁신하고 있다. 혁신
학교는 그 소명을 다했다. 혁신학교가 혁신학교
아닌 학교에 동화되어라. 혁신학교를 포기하라.

13

공간혁신으로
얼룩졌다

"공간이 의식을 지배한다." 논란이 되었던 말이다. 교원은 그 말이 익숙하다. 학교의 공간 혁신을 주장하는 이들이 입버릇처럼 한 말이다. 정신이 공간을 창조했고 그 공간으로 정신이 영향을 받았던 역사적 사실에서 닭이 먼저인지 알이 먼저인지와 비슷한, 논란을 위한 논란거리일 뿐이다.

우리나라의 반듯반듯한 건물과 다른 나라의 비탈진 건물을 비교하면서 우리나라 건물은 자연 친화적이지 않고 예술성과 거리가 멀다고 해석하고 다른 나라의 비탈진 곳에 세운 건축물은 자연 친화적이고 예술을 사랑하며 자연을 품는 여유가 있다고 해석하며 외관이 반듯반듯한 우리나라 학교 공간을 혁신해야 한다고 주장한다. 처음부터 그런 주장을 하려고 공정하게 비교하지 않았다는 걸 누가 모르겠는가.

　　나라를 막론하고 건축물은 당대와 소통한 결과다. 건축물과 그에 따른 공간을 단순 비교하여 옳고 그름을 따지거나 우열을 가리려는 행위에는 엉큼한 목적이 있다. 당대의 학교 역할과 경제력으로 변화해 온 학교를 교도소와 같은 역할을 했다며 폄훼했다. 이 엉큼한 목적을 이루려는 자들은 그렇다고 하더라도 교원이 여기에 동참하여 우리나라 학교의 역사를 학생 관리와 통제로만 해석하는 건 교육자의 자존심을 버린 행위다. 만약 그렇다면 그런 학교에서 어떻게 민주주의의 퇴행을 저지하는 저항 정신이 싹 텄겠는가.

　　지금 시대와 사회가 요구하는 학교 공간을 창조하자는데 불평하는 교원은 없다. 그런데 혁신으로 치장하려다 보니 애초에 할 수 없는데도

할 수 있는 것처럼 교원에게 행정으로 화려하게 꾸미도록 강제하여 행정력을 낭비했고, 현실적인 공간을 만드는데 들어갈 예산을 이상적인 공간 창조 컨설팅으로 허비했고, 학교 공동체의 요구 사항을 다 들어줄 듯이 하곤 결국에는 미리 정해져 있던 몇 가지 안 중 하나를 선택하게 하여 불신을 자초했다. 처음부터 이 정도 예산은 이 정도의 학교 공간만을 창조할 수 있다고 범위를 정하고, 학교 공간 창조에 필요한 법령을 충족하고 나면 이 정도의 공간과 예산 범위에서 학교 공동체의 요구를 수용하는 공간을 창조할 수밖에 없다고 해야 했다.

소위 전문가의 컨설팅과 학교 구성원의 선진 학교 시찰과 협의회로 예산을 낭비하고, 이상적인 컨설팅이 반영된 설계도를 시공업자의 현실성으로 절충하고 나면 실제 공간은 아쉬운 공간이 되고 만다.

학교 공간의 지속 가능성을 생각하는 공간 창조가 이뤄져야 한다. 공간이 창조된 이후에 그 공간을 관리하며 시대와 사회의 요구대로 변화할 수 있는 예산 확보와 학생 안전 확보를 비롯한 국민의 우려를 상쇄할 수 있는 공간으로 유지되어야 한다. 그런데 지금 학교에서 공간혁신이라는 명목으로 이뤄지는 공간 창조는 이전부터 이뤄져 온 법령 충족을 위한 공간 확보, 낡은 교실과 학교 개선 사업, 시범적인 공간 창조 사업일 뿐이다. 현재 기준의 혁신이 뒤따르는 혁신을 저해하는 요소가 되면 안 된다.

국민은 학교가 제일 안전한 공간이기를 바란다. 이전에 학교 담장을 허물어서 학교를 주민과 공유하는 바람이 일었다가, 외부인의 학교 침입으로 학생이 심각한 피해를 입은 사건이 발생한 이후 일반인의 학교 출입을 엄중히 제한하고 있다.

운동장을 놀이동산이나 유원지처럼 만들자는 주장도 있다. 탁 트인 공간, 시선이 머무는 공간으로 재창조하면 개방성에 따른 학생 안전 위협을 예방할 수 있다는 것이다. 날이 갈수록 미세먼지, 기후 위기로 운동장 사용보다 체육관 활용이 높을 수밖에 없으므로 운동장을 생태적인 환경으로 조성하여 황량한 운동장이 할 수 없었던 기능을 하자는 주장이다.

운동장을 어떻게 변화시키자는 토론은 제쳐둔다. 운동장을 생태 공원화하여 개방하면 학생 안전을 걱정할 필요가 없을까. 지금껏 개방된 공간이 아니어서 학생이 해를 입었나. 공간의 문제가 아닌 사람의 문제다. 새삼스럽게 공간이 정신을 지배한다는 말이 떠오른다.

운동장을 생태 공원화하여 개방했을 때 다른 생태공원과 어떤 차별성을 갖춰 지속적인 이용을 유도할 수 있을 것인가. 생태공원을 관리할 비용은 지역민 이용을 고려하여 지자체와 공동으로 부담할 수 있는가. 생태공원의 안전 확보와 관리 방안을 갖추었는가. 생태공원 조성과 유지를 위한 물과 에너지는 기후위기를 고려했나. 이 밖에도 세세하게 고려할 사항이 많다.

도서관과 박물관이 시대와 사회의 요구, 경제력으로 변화했고 앞으로도 꾸준히 그럴 것이다. 학교도 그렇게 변화하는 게 당연하다. 그런 측면에서 학교 공간혁신의 선도적인 역할은 중요하다. 지속적인 지원과 학교 공동체의 적극적인 참여도 필요하다. 다만 그런 중요한 역할이 선한 영향력으로 작용하려면 비판하는 교원, 따르지 않은 교원의 의견을 겸손히 비판적으로 수용해야 한다. 지지자로 만들어 함께 하는 게 중요하다.

공간을 활용할 학생이 없다

학생과 교직원이 사용할 공간혁신이다. 그런데 시간이 없어서 그 공간을 사용할 학생과 교직원이 없다면 모든 게 꽝이다. 지금 학교가 그렇다. 정규 수업을 교실에서 마치고 나면 그 공간을 활용할 여유가 없다. 그래서 학교 밖의 공간을 학교 안으로 끌어들이는데, 나는 반대다. 교원이 학교에서 학생에게 할 일을 지금도 충분히 하고 있다. 사회 안전망을 갖춰 학생이 학교 밖에서도 하고 싶은 활동을 자유롭게 하도록 하는 게 제대로 된 정책이다. 그리고 혁신한 공간 활용도를 높이려면 정규 수업에 많이 활용해야겠지만, 그것보다 교과 시수를 줄여서 학생이 공간을 자유롭게 활용할 시간을 충분히 줘야한다. 그런데 그건 학교장의 권한이 아니어서 마음대로 배우는 양을 조정할 수 없다. 모든 학교 일이 그러하듯 학교 공간혁신도 단순히 공간만 창조하는 일이 아니다. 함께 교육의 틀에서 통찰과 통섭으로 추진해야 할 중요한 교육 정책이다.

공간이 얼룩졌다

학교 공간혁신 사업으로 많은 교직원의 마음이 상처로 얼룩졌다. 학교 공간은 간섭과 아집으로 군데군데 얼룩졌다. 어떤 이들은 이 얼룩을 가산점으로 덮으려 한다. 나는 반대다. 지금까지 드러난 얼룩을 깨끗이 닦아내야 한다. 학교 공간혁신에 전혀 도움이 되지 않는 얼룩을 방치하며 또 가산점으로 덮으려는 시도는 학교 공간혁신보다 가산점이 탐나서다. 그러려면 학교 공간혁신 정책을 애써 추진하며 얼룩을 만들지 마라. 거부하라.

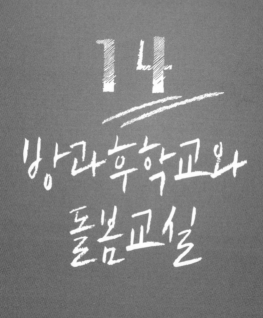

14
방과후학교와
돌봄교실

방과후학교와 돌봄교실이 학교 교육과정인가? 방과후학교와 돌봄교실은 법적 근거가 없다. 학교 교육과정이라 할 수도 없다. 그런데 실제로는 교육부와 도 교육청의 운영 계획과 지침으로 학교장의 책임하에 학교 교육과정과 연계하여 운영하고 있다. 학교 교육과정이 아니라고 할 수 없다.

　방과후학교와 돌봄교실의 법적 근거를 마련해야 묵고 묵은 이 애매한 갈등 상황을 해결할 수 있다. 교육기본법과 초·중등교육법을 개정하여 초등학교에서 운영해야 할까? 아니면 지자체의 해당 법을 개정하거나 새롭게 제정하여 운영해야 할까?

초등돌봄교실

초등 돌봄 서비스부터 살펴보자. 지금까지는 대통령과 정치인이 성토하면 교육부가 허겁지겁 졸속으로 임기응변으로 해결했다. 교육부가 예산 지원과 두루뭉술한 운영 방향을 발표하면 도 교육청은 예산을 학교별로 배정하고 교육부의 운영 방향을 구체화한 운영 방침을 안내했다. 학교는 배부받은 예산으로 인력 임용, 환경 조성, 내용 결정, 안전을 확보하며 운영했다. 최근에는 도 교육청이 주도하며 학교가 당연히 돌봄을 해야 하는 분위기다. 교육부도 '늘봄학교'를 도입하며 공고히 했다.

하지만 여전히 초등교원은 지자체에서 돌봄 서비스를 제공해야 한다고 강력하게 주장한다. 나도 그렇다. 더더욱 교육부에서 발표한 늘봄교실 홍보물을 보면 지금 학교에선 제공할 수 없는 내용이다. 그런 내용을 운영할 인력을 학교에선 확보할 수 없다. 실제로 늘봄교실을 시범 운영하고 있는 학교의 가장 큰 고민거리는 전문 인력 확보다. 학교 자체로 기존 돌봄 전담사, 자원봉사자 위촉, 단체 프로그램 강사 임용, 방과후학교 강사와의 연계 등으로 급한 불만 끄고 있다.

초등학생 돌봄 서비스를 국가가 제공하는 것은 거역할 수 없는 흐름이다. 국가에서 제공해야 할 보편적인 복지다. 이를 부정하는 국민은 드물 것이다. 그래서 질 높은 운영을 위해서는 지금 초등돌봄교실이 어떻게 운영되는지를 꼼꼼하게 살핀 후에, 기반이 잘 다져졌는지를 살핀 후에, 초등돌봄 서비스의 성격을 명확히 한 후에, 그것으로 법적 근거를 마련하고 청사진을 제시해야 한다.

돌봄교실을 운영할 수 없다

현재 초등돌봄은 학부모의 요구를 모두 수용하지 못해서 저소득층, 한부모 가구, 맞벌이 가구 등의 자녀에게 우선권이 있다. 돌봄교실도

돌봄 전용 교실, 1학년 교실이나 특별실에 돌봄 환경을 갖춰 사용하는 돌봄 겸용 교실이 있다. 돌봄 전담사를 자원봉사자와 단체 프로그램 강사가 보조하는데, 학교에 따라 차이가 있다. 초등 교육과정은 일절 할 수 없고 조작 활동, 놀이 및 신체활동, 표현 활동이 주요 내용이며 방과후학교와 연계 운영한다. 그래서 돌봄은 교육이 아닌 보육이므로 교육기관인 학교에서 초등돌봄교실을 운영할 수 없다.

그런데 학부모는 보육 기능 외에 사교육비 절감과 학력 향상을 위한 돌봄교실을 요구한다. 언론의 초등돌봄교실 서비스 확내 요구와 질을 높여야 한다는 보도와 같다. 그리고 그걸 할 수 있는 안전한 장소인 초등학교에서 돌봄교실이 운영되기를 바란다.

지금 돌봄교실 업무 담당은 초등교사나 돌봄 전담사일 것이다. 경상남도교육청은 돌봄 전담사를 8시간 근무로 변경하면서 돌봄교실 업무 전반을 하도록 했다. 돌봄 전담사가 도 교육청마다 근무 조건이 다르게 임용되어서 계약 내용이 다를 것이다. 따라서 돌봄 업무 담당자 역시 도 교육청별로 차이가 있을 것이다. 초등교사가 업무 전반을 하고 돌봄 전담사는 돌봄만, 초등교사와 돌봄 전담사가 나누어서, 돌봄 전담사가 모두 하는 형태 중 하나일 것이다.

돌봄교실의 문제를 해결해야 한다

돌봄교실 업무는 만만찮다. 연간 계획, 월별 계획, 등하교 관리, 간식 관리 및 제공, 학부모 공개, 단체 프로그램 강사 임용과 임금 지급, 자원봉사자 위촉 및 봉사료 지급, 돌봄교실 관리 및 개선, 안전 관리, 돌봄 관련 민원 및 상담, 공문 보고 등 초등교사 본연의 업무와 관계가 없는 업무다. 그냥 초등학교에서 돌봄교실을 운영하게 되었으니 초등교사가 할 수 없이 하게 된 업무다. 그리고 이 업무를 맡은 초등교사는 당연히 초등교사 본연의 업무를 제대로 할 수 없다. 무엇보다 업무는 기계적, 물리적으로만 해결되지 않는다. 늘 감정이 간섭한다. 돌봄 전담사, 자원봉사자, 단체 프로그램 강사의 임금 지급과 관리, 직종 간의 근무 여건 차이 등으로 직종 간 감정의 골이 일으키는 갈등이 크다.

돌봄 전담사 보결은 초등교원, 방과후학교 강사만이 할 수 있다. 방과후학교 강사는 본인의 방과 후 수업이 있을 때만 학교에 오고, 돌봄교실과 방과 후 수업이 겹치며, 수업을 마친 후에는 다른 학교 방과 후 수업하러 가므로 보결은 거의 불가능하다. 그래서 정말, 어쩔 수 없이 수업을 마친 교사가 학생 보육까지 해야 하는 날이 있다. 뒤에서 다시 언급하겠지만 교육부의 늘봄학교가 이 문제를 해결하지 못하면 돌봄이 초등교육을 부실하게 할 것이다.

방과후학교

방과후학교 도입의 목적은 사교육비 절감이다. 방과후학교를 돌봄과 같은 성격으로 여기는 시선이 있는데 전혀 그렇지 않다. 돌봄교실에 있다가 방과후학교에 참여하고 방과후학교 수업을 마치고 돌봄교실에 참가하는 연계 운영은 하지만, 방과후학교에서 교과를 직접 가르칠 수 있도록 영역과 범위를 확대하여 돌봄교실의 질과 학부모의 사교육 비용을 절감하자는 주장은 돌봄교실의 질과는 하등 관련이 없다. 방과후학교를 보습 학원처럼 운영하자는 주장일 뿐이다. 더 나아가 교과 수업에도 금지된 선행학습까지 허용해야 한다며 학부모 대상 설문 결과를 대단한 연구보고서처럼 인용하여 보도한다. 지금도 방과후학교는 사교육 시장을 학교에 연 꼴인데 보습 학원 강사가 학교에서 방과 후에 교과를 가르치면 어떻게 될는지 뻔하지 않은가? 문제집으로 문제 푸는 방과후학교를 좋아할까, 초등교사의 수업을 좋아할까? 자녀 상담은 문제 풀이 결과인 양적인 점수로 하는 강사와 할까, 학생의 성장과 변화의 학교생활을 질적으로 이야기하는 담임교사와 할까?

방과후학교에 교과 내용을 허용하여 사교육비를 절감하자는 주장은 해서는 안 된다. 그런 주장을 누가 하는지 뻔하지 않은가? 그런 주장은 공교육을 사교육화하는 잘못된 주장으로서 연구할 가치가 없는 연구라며 따끔하게 질책해야 한다.

방과후학교의 도입으로 사교육비 절감 효과가 있을까? 확실히 절감 효과는 있다. 그리고 초창기와는 다르게 전문화된 강좌가 늘고 있어 학생과 학부모의 만족도도 높다. 다만 강사의 접근성이 떨어지는 학교는 수요자가 원하는 강좌를 개설할 수 없어서 방과후학교의 격차가 크다.

농어촌의 작은 학교는 방과후학교 운영비를 지원받으므로 학생 부담은 하나도 없다. 그러나 도시 학교보다 강의비를 더 지출해도 응하는 강사가 없어서 수요자가 원하는 강좌를 개설할 수 없다.

방과후학교 강사

강사는 위탁업체 소속, 학원이나 체험시설 운영자, 방과후학교만 출강하는 강사의 형태로 구분된다. 강의의 희소성과 강사 인지도에 따라 출강하는 학교 수가 다르다. 방과후학교 정책은 강사마다 처한 상황이 다른 현실을 고려하여 신중해야 한다.

방과후학교 강사는 교직원의 복지 시설,

복사기와 같은 비품을 사용할 수 있다. 그러나 교직원이 누릴 수 없는 복지 혜택을 요구하거나 방과후학교 운영비의 범위를 벗어난 비품 요구는 들어줄 수 없다.

방과후학교 강의만을 위한 교실이 있으면 좋으나 대부분 수업이 끝난 학급 교실을 이용한다. 담임은 본인 교실이 방과후학교 교실로 이용하는 걸 싫어하는데, 탓할 수 없다. 초등학교 담임에게 교실은 수업, 연구 및 업무, 상담 공간이다. 방과후학교로 이용하는 동안 교직원 휴게실이나 교무실에서 담임 업무를 해야 하는데 그러기엔 여러 가지로 불편한 장소다.

방과후학교를 마친 강사는 교실을 원래대로 되돌려야 한다. 방과후학교 전용 교실을 최종 퇴실하는 강사는 정리정돈, 문단속, 화재 예방조치, 전기·전자 기기 상태를 확인해야 한다. 정부의 에너지 정책을 준수해야 하는 것이다. 그런데 교육청과 교육지원청 담당자는 학교의 이러한 요구가 갑질에 해당하고 청렴에 어긋난다며 방과후학교 강사에게 그런 일을 요구하지 말라고 한다. 이해할 수 없다. 그게 갑질에 해당하고 청렴에 어긋나면 교직원은 그걸 해도 되는가.

방과후학교는 학부모 공개 수업 이외에는 교원도 수업을 참관할 수 없다. 간혹 방과후학교 중에 일어난 안전사고와 아동학대 사례를 두고 학교의 관리 감독 부재를 질타한다. 그러나 사전 예방 교육과 사후 대응 체계로 예방과 피해를 최소화하는 것밖에 지금 학교가 할 수 있는 현실적인 방법은 없다.

강사 계약과 자질에 대한 민원을 제기하면 학교는 해당연도의 방과후학교 운영 지침, 계약서 내용으로 처리하고 답변한다. 강사 계약과 재계약, 계약서는 표준화되어 있어서 학교장이 임의로 변경할 수 없다. 학부모가 아무리 강사가 마음에 들지 않는다고 하더라도 학부모의 민원대로 처리할 수 없다. 학부모는 강사가 마음에 들지 않으면 해당 강좌를 선택하지 않거나 만족도 조사에서 그 마음을 제대로 표현해야 한다. 실제 학부모의 의견이 만족도 조사로 드러나지 않으면 학교는 의견을 반영할 수 없다. 업무 담당자는 강사를 상대로 한 민원이 발생하면 마음껏 제대로 처리할 수 없어서 한숨만 절로 난다.

방과후학교 업무는 교사가 한다. 규모가 큰 학교가 아니라면 돌봄교실과 묶어서 한 교사가 맡는다. 연간 계획 수립, 월별 강의 내용 결재, 강사 임용, 강사 관리, 임금 지급, 수업 공개, 민원 해결, 공문 보고 등 업무량이 많고 절차와 증빙 서류는 철저해야 한다. 어떤 이는 방과후학교 강사가 일부 업무를 직접 한다고 착각하는데 그렇지 않다. 강사는 강의와 학생 출결만 관리한다. 그래서 어떤 교육청은 가산점으로 업무 담당자를 유혹하고 어떤 교육청은 교육공무직 방과후실무원을 임용하여 방과후학교 관련 일체와 교무행정을 지원하도록 한다.

방과후학교는 학교장의 경영철학, 중점교육, 특색교육을 포함하는 학교 교육과정과 연계하여 운영하는 것이 바람직하다. 방과후학교는 학교 교육과정과 융화해야 학생 성장에 도움이 된다. 학교 교육과정과 동떨어진 방과후학교는 학교 안의 사설 학원일 뿐이다. 방과후학교가 학교 교육과정과 융화하지 못하면 교육청이 해마다 방과후학교 운영 계획을 발표하며 내세우는 학생 맞춤형, 교육 격차 해소는 불가능하다. 융화하더라도 장담할 수 없지만.

방과후학교를 교육과정과 연계하려면 교사의 전문성으로 실현해야 한다. 그게 효율적이다. 업무가 힘들다고 학교 교육과정과 방과후학교 연계를 위해 교사가 다른 사람(교사가 아닌 사람)에게 지시받는 모양새는 좀 그렇지 않은가. 그렇다고 담당 교사에게 강사비까지 챙겨주는 행정업무를 하라는 것은 아니다. 임용과 민원은 교감, 방과후학교와 교육과정 연계 업무는 교사, 수당 및 임금 관련은 행정실, 교무행정원이 지원하는 업무 나눔을 주장한다.

늘봄학교

교육부는 모든 초등학생이 돌봄과 맞춤형 교육을 받을 수 있는 전일제학교의 이름을 늘봄학교로 바꾸어 2025학년도에 전면 실시하겠다고 했다. 늘봄학교는 새로운 학교 유형인가? 확장되고 강화된 초등돌봄교실인가? 교육부 홍보물과 교육부 장관 설명을 살펴보자.

1학년 학부모님, 걱정하지 마세요!

　입학 직후에 에듀케어 프로그램을 무상 제공하겠다는데, 정보화 기기 기반의 소프트웨어를 제공하겠다는 것인지 교사나 별도로 사람을 채용하여 보살피겠다는 것인지가 궁금했다. 2023년 5월 17일 교육부 장관의 브리핑에 의하면 '초등 1학년의 학교 적응을 위해 정규 수업 후 희망하는 학생에게 놀이·체험 중심 프로그램을 제공하는 것이며 현행 1학기에서 최대 1년으로 늘린다.'라고 했다. 지금의 돌봄교실과 어떤 차이가 있는지 궁금할 뿐이다.

　맞춤형 프로그램은 제공할 수 없다. 한 교사가 어떻게 수십 명의 학생을 대상으로 맞춤형 프로그램을 운영할 수 있겠는가. 대학교도 하지 못하는데, 초등학교 1학년에게 너무 큰 기대를 하는 게 아닌가?

　교육부가 초등학교 1학년 대상의 에듀케어 프로그램을 운영하겠다고 발표하기 전에 지금 초등학교 상황을 잘 살펴서 현실을 파악한 후에, 최소한 몇 년 전에 한국교육방송공사(EBS)에서 방영한 초등학교 1학년 교실의 실제상황부터 시청했어야 했다.

지금의 학교 상황을 잘 살피지 않고 학부모의 요구를 단기간에 해결하겠다고 학교를 힘들게 하는, 교육을 위하는 교육부가 의욕을 부려서는 안 된다. 시범학교 운영 후에 전면 실시하겠다고 한다. 시범학교 운영 결과가 나오기도 전에 이미 2025학년도에 전면 실시하겠다고 공언했는데 어떤 시범학교가 부정적인 결과를 내놓을까. 학부모가 늘봄학교를 제대로 이해할 때까지 학교는 학부모의 민원에 참 많이 시달리겠다.

AI·코딩도 배울 수 있어요

빅데이터 기반의 AI 활용 교육은 이미 다양한 방법으로 실시하고 있다. 기업, 대학, 전문기관 등 민간 참여 활성화와 에듀테크를 활용한 혁신적인 교수 방법을 도입하겠다고 누구나 생각은 할 수 있다. 그런데 초등학교에 기업, 대학, 전문기관 등의 민간이 참여할 수준이 뭐가 있나? 그곳에 근무하는 전문가가 초등학생을 교육하겠다는 것인지, 체험학습을 할 수 있게 하겠다는 것인지. 그런 곳의 전문가가 초등학생의 수준에 맞게 가르칠 수 있을까? 체험활동이면 지금도 비슷한 곳에 빈번하게 간다.

에듀테크를 수업에 활용하는 방법은 지금도 꾸준히 이뤄지고 있다. 만약 에듀테크로 수업하는 방법을 도입하여 획일화하겠다는 취지면 절대 반대다. 수업 방법은 교사의 전문성을 존중하여 다양하게 이뤄지도록 해야 한다.

문화·예술·체육활동은 지금도 학교 구성원의 의지로 꾸준히 강화되는 영역이다. 소규모·수준별 고품질 강좌를 개설하여 학생 개별 맞춤형 서비스를 제공하겠다고 하는데, 방과후학교를 그렇게 하겠다는 것인지 관련 교과를 그렇게 하겠다는 것인지 분간할 수 없으나 담임교사가 학급을 책임지고 여러 과목을 가르치는 현 체제에선 아마도 방과후학교를 그렇게 하겠다는 취지일 것이다. 앞에서 이야기한 것처럼 소규모, 수준별의 고품질 강좌를 개설하려면 학교가 극복할 수 없는 현실적인 장애물이 너무 많다. 그것을 의식했는지 몰라도 교육청 중심의 전담 운영체제를 구축하겠다는데 어차피 운영은 학교 몫이다. 운영체제는 갖추겠지만 지금도 예술 강사를 학교가 원하는대로 배정하지 못하면서 학교 공동체의 수요를 얼마만큼 만족시켜줄지 의문이다. 교육 격차의 해소일지 심화일지 모를 일이다.

양질의 돌봄 서비스를 받을 수 있어요.

"아침·저녁 돌봄, 방학 돌봄, 거점형 돌봄 등 다양하게, 고학년 방과후 연계 틈새 돌봄, 일시 돌봄 제공, 돌봄교실 운영시간을 20시까지 단계적 확대, 석·간식 및 프로그램 제공."

아이를 부모와 떼어놓겠다는 정책이 양질의 돌봄인가? 아이 스스로 누릴 자유가 없는, 어른들에 의한 철저한 관리(감시) 체제가 양질의 서비스인가? 새벽부터 늦은 저녁까지 부모와 떨어져 있을 아이의 심정을 생각했나?

부모의 노동력을 최대한 활용하겠다는 신

자유주의자들의 천박한 인식일 뿐이다. 양질의 돌봄은 부모가 자녀를 최대한 오랫동안, 마음 놓고 돌보는 사회지원체제다. 국가는 자녀 돌봄이 필요한 부모에게 직접적인 여러 가지 혜택을 제공하는 게 옳다. 아이 돌봄 시설을 운영하는 사업체는 특별 지원하고, 직장이 밀집한 지역에 돌봄 센터를 운영하여 부모와 아이가 함께하는 시간을 늘려야 한다. 돌봄 정책은 교육부가 도맡아서 교육부만으로 할 수 없다.

지금처럼 돌봄 정책이 부모에게 아이를 떼놓는 시간을 늘리는 방향으로 고착되면 돌봄 격차에 의한 정서 발달 격차로 이어질 것이다. 심각한 문제다.

선생님의 업무를 덜어드려요!

교육청 중심 전담 운영체제 구축으로 방과후·늘봄지원센터 확대 개편, 나이스 시스템 기반 단위학교 업무 지원, 지자체와 지역사회 협력 강화를 하겠다고 한다. 그게 어째서 선생님의 업무를 덜어내는 일인지 이해할 수 없다. 운영을 학교에서 하는데 선생님의 업무가 덜어지나. 도 교육청이나 교육지원청에서 직접 운영하지 않는 한 이렇게 저렇게 하라고 지시하고 보고 받고 컨설팅할 게 뻔한데 그걸 업무를 덜어내는 행위라 하면 안 될 노릇이다.

2023년 5월 17일에 교육부 장관이 브리핑한 내용을 5월 18일 한국교육신문이 다음과 같이 보도했다.

늘봄학교 전담 교사제가 신설된다. 교원 업무 경감, 그리고 늘봄학교를 책임 있게 관리할 수 있는 교원을 두기 위해서다. 교육부는 이를 위해 하반기에 '늘봄학교 지원특별법'(가칭)의 제정을 추진한다는 계획이다.

이 부총리는 "늘봄학교를 지원하는 법안을 하반기 국회에 제출해 제정하려고 한다"며 "가장 주력하는 부분은 과거에 진로·진학 상담 선생님을 두도록 한 것처럼 늘봄 업무에 전담할 수 있도록 비교과 교사 체제를 구축하려고 한다"고 말했다. 이어 "그렇게 되면 흔히 얘기하는 늘봄 교장 선생님이 생기는 것"이라고 덧붙였다.

늘봄학교를 안정적으로 운영하기 위한 법 근거 마련, 그리고 돌봄 전담사와 달리 교원 자격증을 가진 전문가가 관리자 역할을 함으로써 늘봄학교를 책임 있게 운영하면서 교원의 업무도 줄이겠다는 의도. 이 부총리는 "입법을 하려는 것은 교원들의 부담이 늘어난다는 우려 때문"이라면서 "학부모로부터 늘봄학교에서 교사가 책임 있게 운영할 수 있기를 바라는 목소리가 컸다"고 설명했다.

비교과 교사가 늘어나는 만큼 교과 교사가 줄어들 것인데 늘봄 전담 교사를 어떻게 임용할 것인지? 어떻게 양성할 것인지? 보수 교육과 연수로 업무만 처리하는 교사를 배출할 것인지?

비교과 교사 체제를 구축하여 늘봄 학교를 전담하는 늘봄 교장 선생님이 생기게 하겠다는데 이쯤되면 더 헷갈린다. 늘봄학교가 초등학교 안의 학교인지, 지금의 병설유치원처럼 초등학교의 역할을 확대한 유형인지 모르겠다. 내용으로 보면 초등학교의 역할 확대인 것 같은데 난

데없이 '늘봄 교장'이라는 호칭을 왜 붙이는가? 학교장은 1명이다. 병설유치원도 초등학교 교감과 교장이 원감과 원장을 겸임한다. 늘봄 교장의 직위는 늘봄 교장만의 직급이 있어야 한다. 그렇게 되면 별도의 늘봄학교가 초등학교 안에 따로 존재하는 꼴이다. 그러려면 차라리 별도로 돌봄학교를 설립하는 게 낫다. 교육부 장관이 교원 직급을 모르고 한 설명일까. 늘봄학교의 졸속 시행을 번연히 드러냈다.

'늘봄학교 지원특별법'에 방과후학교와 초등돌봄교실에 법적 근거를 포함하는지를 명확히 밝혀야 한다. 늘봄학교는 방과후학교와 초등돌봄교실의 확대와 강화가 핵심이다. 특별법에 핵심의 근거가 빠진다면 겉만 번지르르한 졸속 입법이다.

늘봄학교 너머

초등교사 커뮤니티에서 늘봄학교에 대한 성토가 이만저만이 아니다. 교사의 업무가 늘어난다는 것이 주요 내용이다. 교육부 장관의 모순된 설명을 최대한 수용하면 초등학교 교사의 일보다 행정실의 업무가 더 늘어난다. 그리고 기존의 돌봄 전담사, 자원봉사자, 방과후학교 실무원, 방과후학교 강사의 역할과 시간 확대 등의 재조정이 필요하다. 순순히 늘봄학교에 편입하면 좋겠지만 그렇지 않을 것이다. 학교장은 교육부와 교육청의 어정쩡한 태도와 노조의 강경 대응 사이에서 난감할 것이다.

늘봄학교의 핵심은 초등돌봄교실 강화와 확대다. 나머지 정책은 이미 하고 있거나 시대와 사회의 요구로 해야 할 것을 한데 묶어서 치장했을 뿐이다. 왜 교육부는 돌봄 확대에 이토록 공을 들일까. 얼핏 인구절벽을 타개하기 위해 돌봄의 국가 책임 강화와 사교육비 절감의 교육복지 정책처럼 보인다.

그러나 나는 그렇게 생각하지 않는다. 교육부가 신자유주의 자본가들의 자본을 늘이는 데 편입되었다. 그들의 생산성을 높이기 위해서 부모의 노동력이 필요하다. 그것도 노동 경쟁에 의한 저렴한 노동이 필요하다. 아이를 잘 양육하기 위해 부모를 아이 곁에 머물게 하면 노동 인구가 줄어들어 인건비는 올라간다. 아이 양육을 위한 사회 제도를 개선하고 사업체의 변화를 유도하면 신자유주의자들의 자본 생산성은 떨어진다. 인구절벽에 따른 노동 인구의 감소 해결방안 중의 하나가 초등돌봄교실 강화와 확대의 근본 목적이다. 이는 대학을 산업인력 양성소로 전환하려는 목적과 맥락이 같다.

희망 사항

판은 기울어졌다. 이제 돌봄교실과 방과후학교는 초등학교에서 거역할 수 없다. 교육부의 늘봄학교가 돌봄교실과 방과후학교를 포괄하여 잘 정착하기를 희망한다.

학생이 학교에서나마 학교 시설을 자유롭게 이용하며 친구들과 어울리는 최소한의 시간을 희망한다. 어른들의 지도와 관리를 배제한 오롯이 학생의 의지가 충만한 자유로운 시간을 가지기를 희망한다. 학생의 자유로운 학교생활을 위한 환경 개선과 전문 인력 배치를 희망한다. 개방적이고 안전한 공간혁신과 그 공간에서 학생의 안전을 지켜 줄 전문 인력 배치를 희망한다.

학교 교육과정과 융합되도록 돌봄교실과 방과후학교의 법적 근거가 마련되기를 희망한다. 법적 근거가 부족하여 방과후학교 강사와 돌봄 전담사의 복지만이 우선되고 정작 질 관리는 뒷전인 지금의 상황을 끝내야 한다.

학교 공동체의 너그러운 협력을 희망한다. 안전한 학교생활의 중요성을 전제하며 희망한다. 학생은 학생 간의 관계로 성장한다. 관계를 맺는 과정과 활동에서 다툼과 갈등은 빈번하고 간혹 몸과 마음에 상처를 낸다. 학교는 상처를 내지 않는, 치유와 회복을 위한 교육을 꾸준히 한다. 그렇게 하여도 뜻대로 안 되는 게 교육이다. 그런 일이 발생했을 때 모든 학생을 위하는 학교 공동체의 너그러운 협력으로 치유하고 회복으로 성장하기를 희망한다.

늘봄학교 운영으로 '25년부터 모든 초등학생들이 맞춤형 교육·돌봄[Educare] 서비스를 받을 수 있습니다.

['23] 시범운영 → ['24] 성공모델 단계적 확산 → ['25] 전국 확대

1학년 학부모님, 걱정하지 마세요!

초1 입학 초기 에듀케어 집중 지원

- 입학 직후(3월 1~3주), 에듀케어 프로그램 무상 제공
- 1학년 1학기 놀이·체험 중심 맞춤형 프로그램 운영
- 신입생 학부모 대상 방과후·돌봄 정보 제공

AI·코딩도 배울 수 있어요!

미래형 신수요 프로그램 확대

- AI·SW 등 디지털 교육기회 확대
- 기업, 대학, 전문기관 등 민간참여 활성화
- 에듀테크를 활용한 혁신적 교수방법 도입

학생 개별 맞춤형 서비스 제공

- 문화·예술·체육활동 강화
- 소규모·수준별 고품질 강좌 개설

양질의 돌봄 서비스를 받을 수 있어요!

돌봄유형 다양화·내실화

- 아침·저녁돌봄, 방학 돌봄, 거점형 돌봄 등 다양화
- 고학년 방과후 연계 틈새돌봄, 일시돌봄 제공
- 돌봄교실 운영시간을 20시까지 단계적 확대, 석·간식 및 프로그램 제공

선생님의 업무를 덜어드려요!

교육청 중심 전담 운영체제 구축

- 방과후·늘봄지원센터 확대 개편
- 나이스 시스템 기반 단위학교 업무 지원
- 지자체 및 지역사회 협력 강화

늘 봄처럼 따뜻한 학교라는 의미를 담아 전일제학교를 늘봄학교로 변경하였습니다.

교육부에서 홍보하는 늘봄학교 설명 포스터

15

현재 교육을
미래 교육이라고
우긴다

미래 교육을 주장하는 사람들을 크게 두
개념으로 나눈다. 첫 번째는 학생이 지금의 첨
단 기술을 배워서 익히고 발전시켜 미래 산업에
필요한 인재로 성장하는 교육이다. 두 번째는
나날이 획기적으로 발전하는 기술을 온전히 누
려서 미래 사회에 잘 적응하는 인간을 육성하는
교육이다.

도구로 성장하는 미래 교육

　　첫 번째는 미래 기술을 도구로 성장하여

미래 사회에 필요한 도구적인 인간을 학교 교육으로 육성하라는 것이다. 산업화가 첫 번째 목표였던 우리나라는 지금의 발전을 이루는 데 교육의 역할이 컸다. 그래서 교육과정이 바뀌거나 새로운 교육 패러다임으로 전환할 때마다 도구적 인간을 육성하는 도구적인 교육의 역할이 빠지지 않았다. 일제 식민지 수탈에서 갓 벗어난 국가가 자력갱생할 수 있는 기반을 다지기 위해서는 외국 원조를 이용한 산업 발전과 산업 발전을 이끌 인재를 국가 차원에서 육성하는 정책이 필요했다. 이러한 노력으로 절대적인 빈곤에서 벗어날 수 있었다. 그리고 그때의 도구적인 교육은 산업인력뿐만 아니라 보편적인 민주주의를 위해 필요한 여러 계층의 인력도 양성하여 국민의 보편적인 삶이 향상되었다.

그러나 국가가 '산업 역군'이라 불리는 노동자들의 혁혁한 공헌을 사회 계층 이동의 사다리로 연결 짓지 못하는 동안 자본과 결탁한 기득권을 강화하는 계급으로서의 직업이 인기였고 교육은 이를 공고히 하는 역할을 했다. 그리고 지금은 그런 직업을 얻기 위한 치열한 경쟁

교육으로 학생이 고통받고 있다.

신자유주의가 자유를 내세워 자본을 비호하며 민주주의를 잠식하고 있는 지금은 자본 증식의 핵심 기술인 첨단 기술을 독점하여 국가 정책을 수립하는 첨단기술관료나 첨단 기술을 보유하거나 창조하는 지식인이 기존의 기득권을 밀어내는 경향이다. 초기 자본주의 시대에 상인이 지배 권력인 왕족, 귀족, 성직자를 몰아냈듯이 지금은 첨단 기술을 가졌거나 운영하는 신자유주의 자본가가 법조인, 의사, 정치인, 고위 공무원을 밀어내는 헤게모니 쟁탈전을 벌이고 있다.

초기 자본주의 시대는 사람이 생산의 주체였고 보편적인 사회 진보를 위해서는 다양한 분야에서 사람의 역할이 절대적이었다. 그리고 사회 전 영역에 절대적인 영향을 끼치는 절대 기술이 존재하지 않아서 다양한 분야는 독립적이면서 사람과 사람의 교류로 상호발전하는 평등한 관계였다. 그러나 빅데이터 기반의 인공지능(AI)이 절대 기술이 된 지금은 기술이 사람을 거느리고 자본은 기술과 결탁하여 사람의 일자리를 빠르게 자동화 로봇으로 대체한다. 정보와 지식을 기반으로 판단하는 직업군과 창의성의 영역인 인문학과 예술 분야까지 인공지능이 인간을 따라잡고 있다. 이미 자동화 기기마저 기계가 생산하고 있다. 미래학자가 예견한 인공지능이 인간의 지능을 능가하는 시점이 예상보다 훨씬 빨라질지도 모른다. 이런 상황에서 도구적인 교육을 강화하면 경쟁에서 승리한 학생은 첨단 기술을 창조하고 운영하는 계급으로, 실패한 학생은 첨단 기술을 뒷받침하는 계급으로 고착될 것이다.

교육을 도구로 바라보는 관점에서 미래 교육은 초기 산업화 시기에 계층 이동의 사다리를 짓지 못하고 계급화한 오류를 교정하는 것이다. 사람이 사람을 위하는 인본주의 교육, 인간과 기계를 구별하는 인간성 교육, 사람이 지구에서 사람답게 살 수 있는 생태 교육, 이 모두를 바르게 습득하기 위한 지식으로 성장하는 인간 성장 교육이 진정한 도구적인 미래 교육이다.

미래 기술?

두 번째는 첨단 기술을 잘 배우고 익혀서 그것이 중심이 된 미래 사회를 행복하게 살라는 것이다. 한 번 물어보자. 지금의 첨단 기술이 미래 기술인가, 현재 기술인가?

사람이 첨단 기술과 소통하는 인터페이스는 시간이 지날수록 더 사람 중심으로 혁신될 것이다. 지금은 첨단 기술의 알고리즘을 사람이 창조하지만, 미래에는 알고리즘 기계가 알고리즘을 창조할 것이다. 지금 교실의 학생들은 그것이 어떻게 작동하는지 모른 채 기성세대가 상상할 수 없는 인터페이스로 미래 기술을 누릴 것이다.

몇 년 전으로 거슬러 올라가자. 60대 이상이 스마트폰으로 SNS, OTT를 자유롭게 사용할 것이라고 누가 상상이나 했었나. 60대 이상이 자유로운 영상 창작자와 소비자가 될 것이라고 누가 상상이나 했었나. 유아에게 스마트폰 사용법을 알려줬나, 게임기 사용법을 가르쳤나? 우리는 앱 사용법을 익혀서 사용하는가, 직관적으로 사용하는가? 지금 기술을 익히지 못하면 생활이 불편하다. 그리고 지금 기술자는 지금 세대가 사용하기 편리한 인터페이스를 제공할 뿐 미래에 사용될 인터페이스를 제공하지 않는다. 지금 편리한 인터페이스는 몇 년 후에는 불편해서 사용하지 않을 것이다. 그래서 미래 기술은 미리 경험하지 않아도 미래에 살 사람이 태생적으로 잘 사용할 것이다.

코딩 교육

초, 중, 고등학교에서 실시하는 컴퓨터 프로그래밍 교육을 '코딩 교육'이라고 한다. 프로그래밍은 컴퓨터의 프로그램을 작성하는 일이고 그것을 하려면 컴퓨터와 소통하는 컴퓨터 언어를 알아야 한다. 그걸 배우려면 수학과 논리적 사고가 필수고 장시간의 노력이 필요하다. 이런 현실적인 제약으로 초등학교는 컴퓨터 언어로 프로그래밍한 게임 도구로 코딩 교육을 한다. 엄밀히 말하면 코딩을 위한 논리적 사고를 게임으로 체험하는 것이다. 과학상자 조립, 레고, 블록쌓기, 미로 탈출 게임과 별다르지 않다.

　　코딩 교육을 제대로 하려면 학교급에 맞는 프로그래밍 교육을 해야 한다. 수학 지식을 쌓기 위해서는 수학 열심히 가르치고 배워야 하고 논리적 사고력 기르기 위해서는 토의, 토론, 협동학습, 융합학습 등의 문제 해결형 프로젝트 학습으로 자기 주도성을 길러야 한다. 이를 효율적으로 실행하기 위해서 교과를 통합하거나 융합하여 교과 수를 줄이고 배우는 양을 줄여서 코딩 교육 시간을 확보해야 한다.

　　상반된 주장이지만 코딩 교육은 전 학생을 프로그래머로 양성하기 위한 교육이 아니라 인공지능이 할 수 없는(하면 안 되는) 올바른 선택을 위한 사고력을 기르고 그런 과정으로 지적인 인간으로 성장시키기 위함이다. 그래서 코딩 교육은 독립된 영역으로 강조하기보다 전 영역에서 은연중에 스며들어야 한다. 그런 의미에서 코딩 체험 도구를 기계적으로 장난스럽게 만지작거리는 코딩 교육은 미래 교육이라 할 수 없다.

미래 교육의 실제

각종 매체를 통해 강조하는 미래 교육은 학교에서 어떻게 실천하고 있는가? 미래 교육을 실천하고 있다고 홍보하는 교육청 산하 학교의 미래 교육은 어떻게 실천하고 있는가?

미래 교육 플랫폼으로 학생 개인의 학습 성향과 성취도를 빅데이터 기반의 인공지능이 분석하여 학생 개인 맞춤형 교육을 실시하고 있다고 하는데 실제는 미래 교육 플랫폼(사실 현재 기반 교육 플랫폼)에 학습 계획부터 평가까지 입력하라고 종용받고 있다. '맞춤'이 아닌 '맞춤형'이라고 했으니 어느 범위까지가 맞춤형에 해당하는지 애매모호하다. 코딩 교육, 생태 교육, 기후 위기 대응 교육 등 흔히 미래 교육이라 일컫는 교육을 실시하라는, 연수를 개설했다는, 교육 실시 현황과 연수 참여 현황을 제출하라는 행정에 맞추고 있다.

혁신 교육의 난리가 이제 겨우 진정되었는데 미래 교육이 어떻게 휘몰아칠지 걱정이다. 걱정보다는 짜증이다. 미래 교육내용은 국가 수준 교육과정에 포함되어 있어서 그것들을 미래 교육이라 일컫지 않아도, 특별하게 강조하지 않아도 가르쳐야 하고 가르치고 있다. 교육부와 교육청이 할 일은 미래 교육이 학교에서 가르치지 않는 새로운 교육인 양 호도하지 않아야 한다. 학교에서 수월하게 가르칠 수 있는 지원에 힘써야 한다. 그래서 지금까지 특정 교육으로 호들갑 떨며 학교를 불안하게 했다면, 지금은 교원이 안정된 마음으로 미래 교육이라 일컬어지는 교육을 차분히 체계적이며 효과적으로 가르칠 수 있도록 해야 한다. 그리고 학생이 미래 교육이라는 사교육에 내몰리지 않도록 학부모의 불안을 조장하지 않아야 한다.

미래 교육은 사회 프로젝트다

미래 교육은 교육 프로젝트다. 첨단 기술을 이용하는 수업, 코딩 교육, 생태 교육만이 미래 교육이 아니다. 기존에 꾸준히 해왔던 교육, 그것들로 지금의 문명을 이룬 교육은 과거 교육이 아니다. 읽고 쓰고 말하고 셈하는 교육도 미래 교육이다.

미래 교육은 지금보다 더 급변할 미래 사회를 살 학생들에게 지금보다 나은 삶을 누릴 수 있는 사회 체제와 환경을 만드는 사회 프로젝트다. 지금 기성세대의 팍팍한 삶은 과거의 기성세대의 산출물이다. 지금의 기성세대가 미래를 살 지금의 학생들에게 그들의 미래를 교육으로 창조하라는 주장은 모순이다. 그들은 미래 삶을 누릴 권리가 있고 기성세대는 지금보다 더 나은 삶을 그들이 누릴 수 있도록 애쓸 의무가 있다. 그래서 미래 교육은 우리 사회 체제와 환경을 바꾸는 사회 프로젝트여야 한다.

교육 기술자들은 그들의 교육 권력을 공고히 하거나 교육 권력을 쟁취하기 위해 배타적 교육 헤게모니를 꾸준히 만들어 선점한다. 단순히 첨단 기술을 이용하고 가르치는 기술, 기후 위기에 대응하는 교육을 협소하게 '미래 교육'으로 명명하며 지금의 문명을 이룬 기존 교육을 부정하는 태도는 혁신학교를 지정하곤 비판받을 아무런 이유가 없었던 학교(혁신학교보다 훨씬 많았던 학교)를 낡은 교육을 하는 학교로 인식하게 한 교육 기술자들의 소행과 일치한다.

미래 교육은 사람이 사람을 위하는 모든 교육을 아울러야 한다. 기계보다 사람을 우선하는 교육, 사람이 기계로 희생되지 않는 교육, 기계가 사람을 해치지 못하게 하는 교육, 사람이 사람을 위하는 교육, 사람이 지구에서 잘 살기 위해서 지구 생물과 공생하는 교육, 기계가 벌어들인 돈을 사람에게 분배하는 교육, 자신의 미래를 당당하게 요구하는 교육 모두 미래 교육이다. 그런 교육으로 지식을 쌓는 과정과 그 지식으로 성장한 지적 인간이 자유와 평등의, 사람 살기 좋은 미래 사회를 만든다.

지금의 기성세대는 부모의 노동력을 효과적으로 공급받기 위해 자녀를 학교에 오랫동안 맡겨놓는 늘봄학교와 더불어 불안한 미래를 담보로 첨단 기술을 익히고 소비하는 양질의 산업 인력을 공급받기 위해 미래 교육으로 포장하며 학교를 신자유주의에 귀속한다. 겉으로는 행복한 미래를 여는 교육이라 하지만 실제론 신자유주의에 이바지하는 도구적 인간을 양성하는 교묘한 언어유희. 현혹되지 말자.

돌고 돌아 제자리

현명한 미래 교육은 기초, 기본학력을 넘어 해당 학교급, 학년에서 성취해야 할 학력을 성취하는 교육이다. 비판적인 생각과 태도로 수용성을 높이고 다양성을 존중하는 교육이다. 지식과 지혜로 창의력을 기르는 교육이다. 미래 교육은 돌고 돌아 늘 우리가 강조하여 해왔던 교육일 뿐이다.

16

학교가 없어진다,
그러면
우리는······,

지금 학교는 인구 소멸을 직접 느끼는 학교와 직접 느끼지 못하는 학교로 나뉜다. 보통은 전교생이 60명 이하인 학교를 '작은 학교'라 한다. 작은 학교는 이미 십여 년 전부터 신입생이 현저히 줄다가 다문화 가정 자녀로 근근이 명맥을 유지했다. 코로나19 대유행과 더불어 다문화 가정이 줄면서 그조차도 유지하기 힘들어졌다. 군지역의 초등학교는 이미 몇 년 동안 신입생이 없어서 1학년은 물론 저학년이 없는 학교가 늘어난다. 이렇게 전교생 수가 줄어드니 지역의 중심학교로 전학하는 학생까지 늘어났다.

지금까진 전교생이 고작 십여 명에서 수십 명으로, 특수 학급을 포함하여 6~7학급을 힘겹게 유지하며 학교의 제 역할을 다하고 있다. 그러나 몇 년만 지나면 군 지역의 중심학교를 제외하곤 분교 또는 폐교 절차를 밟을 것이라 예상한다. 벌써 사설 유치원과 어린이집은 폐원과 폐업하며 노인 돌봄 시설로 전환하고 있다. 이에 따라 일시적으로 초등학교 병설 유치원의 원아가 늘어나는 곳도 있다.

　　인구 소멸을 직접 겪는 곳은 작은 학교 살리기, 작은 학교 활성화 정책을 절박하게 추진하고 있다. 하지만 그런 정책이 학교 소멸을 늦출 뿐, 근본적인 대책이 되지 않는다는 사실을 누구나 알고 있다. 그래도 그런 정책이 지역의 장점을 살린 교육과정 운영으로 우리 교육의 대안적 모델이 될 수 있어 이 글의 뒷부분에 소개하고자 한다.

중심학교마저

군 지역의 중심학교도 60명 이상을 유지

하기 힘들다. 초등학생 수가 줄어든다는 의미는 지역의 경제, 문화, 생활 전반의 기반 시설이 무너짐을 의미한다. 경제성이 없는 병원은 이미 폐원했거나 이주했고, 목욕은 복지회관을 겨우 이용할 수 있고, 전통 시장은 먼 옛날의 추억거리가 되었으며, 대중교통은 지자체의 보조금으로도 벅찬 현실이다. 생필품은 면 중심지의 농협 하나로마트가 있으면 다행히 해결한다. 농공단지, 시설 농업, 식당, 카페가 있어도 인근 도시에서 출퇴근할 뿐 상주하는 가정은 없다. 해가 지면 학교 주변은 적막강산이다.

이런 지역의 학교 교직원은 힘들다. 어떤 이는 학생 수가 적어서 과외 하는 격이라며 편하지 않냐고 반문한다. 어느 정도 학생 수를 유지하고 지역의 생활 기반 시설이 있을 때는 그렇다. 그러나 지금은 학생이 아프면 학교에서 해결해야 한다. 보건 교사가 정원에 있을 정도의 학교면 그나마 괜찮은데 그렇지 않다면 담임이 해결해야 한다. 보건소를 적극 활용하라고도 하지만 한번 이용해보시라. 적은 학생 수에 맞게 모든 교육과정을 재구성해야 한다. 할 필요가 없거나 아주 간단한 업무가 있어 편할 때가 있지만, 학교라면 으레 해야 할 업무는 정해져 있어서 적은 교직원이 많은 일을 나눌 수밖에 없다. 아동학대, 학교폭력, 교권 침해 등이 일어날 확률은 확실히 낮고 해결도 비교적 수월하다. 그러나 교직 경력 몇 년이면 다 깨닫듯이 일이 힘든 게 아니라 사람이 제일 힘들다. 안하무인의 태도로 대하는 사람은 늘 있다. 그리고 그런 사람이 민원을 해결하는 방식은 지금 시대로선 가히 상상할 수 없는 멸종된 악습이지만, 인구 소멸 지역에선 그런 사람의 한 표가 소중하여 그 멸종된 방식이 진화하고 있다. 꼭 조심할 것이 멸종된 방식을 거부하지 못하더라도 법령에 어긋난 요구는 절대 수용하면 안 된다. 어떤 권력이 강압하면 그 권력이 직접 해결하도록 침묵해야 한다. 수많은 욕설과 협박이 가슴에 꽂히더라도 제풀에 꺾일 때까지 어떠한 행위도 하면 안 된다. 감당이 힘들면 국가인권위를 비롯한 국가 기관에 신고해야 한다. 그런 곳에 신고하더라도 아무런 피해 없다. 오히려 그런 사람과 권력의 요구를 들어주어 뒤탈이 생기면 그들은 당신을 절대로 편들지 않는다. 당신 탓을 할 것이다. 여하튼 지금의 작은 학교는 낭만적이지 않다.

지금은 인구 소멸의 위험을 느끼지 않는, 덜 느끼는 학교가 있다. 그런 학교는 적정 학급을 유지하거나 과밀로 불편을 겪는 학교이다. 그러나 그런 학교마저 인구 소멸에 의한 중간 단계를 거치고 있을 뿐이다.

적정 학급을 유지하는 학교는 학생 한두 명 차이로 학급 편성이 달라지는 경우가 늘고 있다. 한 명만 전학을 가도 학급이 줄어들어 학급 당 학생 수는 늘어난다. 인구 소멸로 학생 수는 줄어드는데 학급 당 학생 수는 오히려 늘어나는 불편을 겪는다. 구도시 지역의 학생은 인구 소멸로 신입생이 줄어듦과 동시에 신도시로 전학 가는 학생이 급속히 늘어나는 도시 공동화의 심화로 폐교한다. 이젠 도시 학교의 폐교가 현실이 되었다. 그곳을 빠져나간 학생은 신도시로 몰린다. 신도시의 학교는 예상한 학생보다 훨씬 많은 학생 수로 학생 안전과 민원을 비롯한 온갖 불편을 겪고 있다. 풍선효과다. 중간 단계의 지금 이 시기를 지나고 나면 그런 학교도 인구 소멸의 위험에 직면할 것이다. 모든 지방 중소도시의 앞날이다.

인구 소멸과 학교의 앞날

인구 소멸이 가져올 학교의 우울한 앞날을 예상한다. 전방위적인 압박에 대비해야 할 것이다. 지금은 작은 학교의 위기이지 교직원 개인에게 닥칠 위기로 인식하지 않고 있다. 학교가 없어지면 다른 학교로 가면 되니까.

앞으로 인구 소멸로 일어날 교직원의 위기를 예상하지 않더라도 지금은 위기가 아닌 불편마저 인구 소멸이 원인이다. 교직원의 인사인 전보가 많이 불편해졌다. 전에는 지역 만기가 가까워졌거나 만기가 되면 출퇴근이 편리한 인근 지역으로 옮기는 게 그다지 힘들지 않았다. 그러나 지금은 근무 연한이 없는 인근 지역 학교의 학급 수가 줄어들거나 폐교하면서 근무 연한이 있는 지역의 교직원을 수용하지 못한다.

인구 소멸이 심화한 곳은 근무 연한이 없어도 교직원의 과원이 발생하기도 한다. 이런저런 편법으로 겨우겨우 과원 발생을 억누르고 있지만, 임계점에 다다랐다.

삶의 터전을 떠나야 할 것이다. 교직원은 처음부터 인구 소멸 지역을 꺼릴 것이다. 인구 소멸 지역에 열정적이고 전문성 있는 교직원을 찾기 힘들 것이다. 이로 인해 교육 격차는 커질 것이다. 이런 현상은 지금의 인구 소멸로 인구가 현저히 줄어 안정되었을 때 멈출 것이다. 지금은 교직원에 의한 교육 격차를 벽지학교와 준벽지학교가 힘겹게 방어하고 있다.

지역 간의 이동뿐만이 아니라 인구 소멸 가속화로 학교의 학급이 줄어들어 과원 교사가 발생하고 그런 현상이 동시다발로 일어나면 과원 교사를 그 지역에서 수용하지 못하여 원하지 않는 먼 거리 지역으로 이동해야만 할 것이다. 전보 기준에 따라 지역과 교직원 간의 심리적 불화가 커질 것이다.

인구 소멸로 벽지학교, 준벽지학교가 사라

짐에 따라 승진가산점도 재조정되어야 할 것이다. 학교가 사라지는, 사라진 시점에 승진가산점을 조정하여 승진자를 적정하게 유지하는 일이 쉽지 않을 것이다. 물론 승진은 지금보다 훨씬 힘들 것이지만 그렇게 노력하고도 승진하지 못할 것이다. 상대적으로 학교보다 교육지원청이나 교육청으로 전직하여 안정을 꾀하려는 교직원이 늘어날 것이다.

주관적이지만 더 우울한 전망은 학교와 학급이 현저히 줄어들어 일어나는 교직원 과잉 현상이다. 교직원이 과잉인데 교대와 사대의 졸업생, 교원 자격증을 소지한 사람이 임용고시로 교사가 되기는 불가능할 것이고 그동안 안정적인 직장을 얻는 관문으로 인기를 누렸던 교대와 사대, 교원 자격증 취득 제도는 아무리 구조 조정을 하더라도 겨우 명맥만을 유지할 것이다.

이런 와중에 연금 개악으로 연금 수령액이 적어지고 인구 소멸로 노인 인구의 노동으로 국가 세수를 충당하기 위해 정년이 65세로 환원될 것이다. 정원 감축의 구조 조정을 버티기 위한 갈등과 반목으로 학교는 연대와 협업을 기대할 수 없을 것이고(개인적으론 성과상여금이 어떤 역할을 할지 자못 궁금하다), 명예퇴직과 교직원이 여태껏 상상하지 못했던 그 아래 단계의 희망퇴직을 강제 권고할 것이다. 지금 준비하지 않으면 주관적인 우울한 전망이 객관적인 전망이 될 수 있다.

인구 소멸로 사라지는 학교를 줄이려는 노력

작은 학교 살리기로 일컫다가 어감상 부적절하여 작은 학교 활성화로 칭한다. 작은 학교 간의 공동 교육과정 운영으로 교육 격차 해소와 작은 학교의 강점을 살려 선도하려 애쓰고 있다. 다만, 학교 간의 연대여서 교육행정이 뒷받침하지 못하는 부분이 있어 행사에 치우치는 경향이 있다. 작은 학교 간의 체계적인 준비와 공동 교육과정 운영, 학교 간의 공동 급식과 상시 차량 지원, 정량적인 40분 1차시를 정성적인 교육내용으로 차시 규정 허용(NEIS에서 허용), 교직원의 복무 유연화, 행정실 인력 추가 배정 등의 조치가 뒤따라야 내실을 다질 수 있다. 무엇보다 교직원의 열정과 전문성, 유연한 제도를 악용하지 않는 윤리 의식이 중요하다.

도 교육청 범위까지 광범위한 광역 학구 지정으로 작은 학교의 다양한 교육을 선호하는 학생과 학부모의 선택 폭을 넓혀야 한다. 단, 양방향 전입과 전출이 아닌 작은 학교로의 단방향 전입만 가능해야 한다.

지역적, 문화적, 경제적 차이의 극복을 위해 원격 실시간 대면 교육, 메타버스 활용, 빅데이터 기반의 인공지능 활용 등의 첨단 기술을 이용해야 한다. 이를 활용한 다른 나라 학교와 학생 간의 공동 프로젝트 추진으로 작은 학교만으로도 세계시민의 역량을 기를 수 있어야 한다.

반복하는 주장이지만 학급 당 학생 수를 인구 소멸 비율만큼 줄이고 교과 시수를 줄여야 한다. 초등학교 전담 과목을 확대하여 전담 교사 정원을 늘려야 한다. 지금은 교과 교사, 비교과 교사로 갈라져 서로 정원을 증가하려 갈등하는데 부질없는 일이다. 도서, 상담, 돌봄, 보건, 늘봄, 방과후, 기초·기본 지원, 휴가 대체 등의 다양한 교사로 세분화하여 학교 내의 교육과 돌봄은 교사가 책임지는 체제로 전환해야 한다.

국가는 기술 혁신과 국민의 희생과 국가지원으로 벌어들인 기업 소득을 국민의 소득으로 재분배해야 한다. 인구 소멸로 국가 위기를 점치면서 국민 소득을 걱정하지 않는 정책은 위장이고 가짜다.

인구 소멸은 젊은이의 무기가 아닌 늪이다. 젊은이의 미래는 늙은이다. 본인의 늙음을 떠받치는 젊음이 없을 때의 삶을 상상해 보라. 적정 인구 유지의 절박함을 인식하고, 국가의 조건형 출산 정책과 복지를 보편적 복지로 전환하는 교육 투쟁에 나서야 한다.

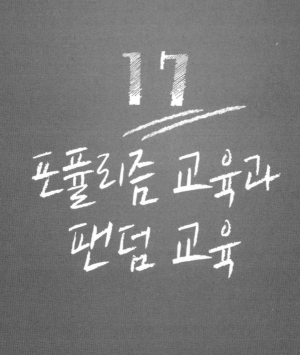

17

포퓰리즘 교육과
팬덤 교육

포퓰리즘은 민중이 원하는 방식의, 민중을 위한 포퓰리즘과 대중을 동원하여 권력을 획득하고 유지하는 포퓰리즘으로 구분한다. 둘 다 국민을 위한다는 명목을 내세워서 구분이 쉽지 않다. 여론조사가 권력의 가늠자가 된 이후부터 언론 매체를 이용한 홍보가 중요해져서 출력 높은 스피커를 확보하기 위한 언론 지형의 인위적인 변화를 꾀하기도 한다. 교육 권력은 자기에게 유리한 언론 지형을 직접 만드는 게 힘들어서 보도자료, 홈페이지, SNS, 블로그, 동영상 공유 사이트, 라디오와 텔레비전 광고로 교육 정책 홍보에 열을 올리고 있다.

홍보의 허구

교육 정책을 수립하려면 학교 현장의 실태 파악이 제일 중요하다. 교육 정책 효과 홍보는 학교 현장의 진실한 실제성이 바탕이어야 한다. 최근 교육부와 도 교육청의 홍보를 보면 학교 현장은 없고 오로지 국민과 도민의 입맛을 맞춰서 교육 권력을 연장하려는 생각뿐이다.

시대와 사회의 요구가 곧바로 교육 정책이 될 수 없다. 학교의 여건이 허락하는 범위, 요구를 정책화하기 위한 학교 여건 조성이 선행되어야 한다. 그런데 국민의 입맛을 당기려 허황한 정책을 발표하여 현장의 혼란을 초래한다. 심지어 학교도 언론으로 정책을 처음 접했는데 이른 시기에 시행하겠다고 발표하면 마법을 부릴 수도 없고, 어떻게 하란 말인가. 코로나19 대유행과 같은 급박한 상황이면 몰라도 정책의 내실을 위해서라면 졸속으로 추진하여 혼란과 갈등으로 교육력을 허비하면 안 된다.

교육 정책 효과의 언론 홍보를 접하면 실소를 넘어 부끄러워 짜증이 난다. 대체 그런 방법으로 그런 효과를 어느 학교에서 내고 있는지 밝혔으면 좋겠다. 허위에 가까운 과장의 문구로 연출한 광고 영상 쪼가리들이 학교의 실제인 양 홍보하는 의도를 알면서도 교육자로서 몹시 부끄럽다. 부끄러운 나머지 어디 가서 실제와 다르다고 대놓고 말하기도 그렇다. 검증할 수 없는 국민을 상대로 한 의도적인 위선이다. 위선이 까발려졌을 때 교육의 신뢰를 무너뜨린 책임을 어떻게 질 것인가. 교육자로서의 무책임이다.

편으로 팬이 된 교육

교육만큼은 교육적 올바름이 우선이기를 바랐다. 교사 노조와 교원단체는 암묵적으로 진보와 보수로 규정한다. 그리고 어떤 정책에 대해 이편과 저편으로 나눠서 대립했다. 그 대립으로 학교 현장의 의견이 많이 반영되었지만 대립하느라 현장 중심의 정책 수립 기회를 날리기도 했다. 정부와 교육감의 정치 성향에 따라 결탁하여 각자의 이익을 도모했다. 그런 과정에서 현장과 동떨어진, 교원의 기대와 어긋난 교육 정책을 비판 없이 수용하여 조합원과 회원이 실망하게 했다. 그들과 결탁한 정부와 교육감은 그들의 요구가 현장의 의견이라며 적극 수용하여 그들의 힘을 강화했다. 그러는 동안 '팬덤'이 형성되었다. 특히 혁신학교로 형성된 교원, 교육전문직원, 학부모로 구성된 팬층은 연예인의 팬층과 비교해도 손색이 없을 정도로 충성도가 높다.

팬들에겐 우상의 말과 행동은 진리다. 비판이 들어설 공간은 없다. 간혹 눈치 없는 다른 편이 비판이라도 하면 사정없이 달려들어 물어뜯고 만신창이로 만들어 본때를 보인다. 우상은 그런 팬으로 둘러싸인 반향실에 갇혀 본인의 교육 신념과 이상이 이상적으로 실현되고 있다는 착각의 늪에 빠져 헤어 나오지 못한다. 그러는 사이 학교와 교육 권력 사이의 괴리가 커져 교육정책은 허공에서 쌓기와 허물기를 반복한다. 그런 허상으로 포퓰리즘 교육은 강화된다.

교육적 올바름

교육 권력을 취하거나 유지하려고 권모술수의 정치 행위로 교육자 행세하지 말라. 교육 기술자가 아닌 교육자로 자처한다면 학생을 위한 교육 본질을 추구하고, 교육 신뢰와 당위성을 위한 교육적 올바름을 실천하라. 교육적 올바름은 모범이다.

나가며

미지(MZ)에게

미지야!

요즘은 회의하지 말라고 하고 회의해도 너를 좀처럼 볼 수 없어서 편지를 쓴다. 아, 인사를 잊었네. 초등학교 교감이 편지글의 형식은 갖추어야 하는데 오래간만에 편지를 쓰다 보니 그렇게 되었네.

그동안 잘 지냈어?

너와 마주 앉아 여러 번 이야기 나누고 싶었는데 그렇게 해봤자 꼰대라는 두 글자로 정리될 게 뻔해서 참았어. 참았다기보다 굳이 네 인생을 간섭하며 스트레스받기 싫었어. 어제 인터넷 신문을 읽고 더 이상 참을 수가 없었어. 너희 노조 중의 하나에서 지금도 우리나라는 장애인의 이동권을 충분히 보장하고 있는데 전장연(전국 장애인 차별 철폐연대)의 서울 지하철 시위를 이해할 수 없다는 보도였어. 지금 우리나라가 장애인의 충분한 이동권을 보장한다는 주장의 근거를 밝히지도 않고 토론 잘하는 네가 왜 그랬어. 설마 몸이 불편한 그분들이 미움받을 게 뻔한 시위를 장난삼아 하고 있다는 저의는 아니겠지. 아주 부끄러웠어.

너를 많이 잘못 가르쳤구나.

나와는 다르게 너는 세상에 주눅들지 말고 당당하게 맞서라고, 하고 싶은 말 스스럼없이 하고, 하고 싶은 대로, 살고 싶은 대로 살아보라고, 만들어진 길에서 허덕이지 말고 좀 방황하더라도 너의 길을 만들어 보라고, 그렇게 하다가 넘어져도 내가 일으킬 수 있으니 짧은 청춘 애어른으로 살지 말라고 했잖아.

그런데 어느 날부터 내 친구들이 너희들의 미완성된 말과 행동을 신의 계시처럼 퍼뜨렸어. 나는 '이러다가 말겠지, 설마 네가 그런 말에 현혹되겠어.'라고 생각했어. 그런데 말이야 설마가 사람 잡는다고 네 표가 필요한 정치권에서 그걸 이용하더니 이제는 현재를 사는 너를 미래세대라며, 내가 현재의 너를 위해 쌓아 올린 모든 것들을 허물며 네 미래를 위한 거란 거야. 신자유주의의 부랑아인 자기계발자들은 내가 네 멋대로인 네 행실을 이해하여 네 멋대로 할 수 있는 환경을 만들어야 한다며 떠들고 다녀.

　　그게 너를 위한 것 같아? 여러 번 속았잖아. 돈이 돈을 버는 신자유주의를 단단히 하려고 취업이 안 되는 것은 네 능력 부족이니 자기계발하라며 책을 출간하고 강의하며 인기 끌었잖아. 그런 책을 읽고 그런 강의에 박장대소하며 새벽부터 저녁까지 네 삶을 계발하더니 그 책과 강의대로 되었어? 네 삶만 피폐해지고 자기계발자들만 돈 벌어 가며 신자유주의를 공고히 했잖아.

　　피폐한 네 삶에 남은 마지막 피까지 뽑아내려고, 피곤한 네 삶을 회복해야 한다며 여행과 맛난 음식으로 힐링하라며 온 미디어가 나서서 꼬드겼잖아. 너는 SNS에 떠다니는 박제된 음식과 풍광을 네 것처럼 하려고 밥 먹듯이 굶는 위장 장애의 일상을 살았잖아. 막상 그런 풍광에서 그런 음식을 시키곤 긴 위장 장애의 삶이 찰나의 순간이 돼버리는 게 안타까워 그날을 박제하며 미디어가 가르친 맛과 아름다움이 마치 네 것인 것처럼, 너처럼 산다고 했잖아.

여기서 멈추지 않았잖아. 남은 것 없는 너에게 규제 완화라는 이름으로 은행에서 집값만큼 돈 빌려줄 테니, 몇십 년 동안 갚도록 해줄 테니 더 오르기 전에 집 사라고 종용했잖아. 이마저도 안 되는 너에겐 코인, 주식으로 벼락부자된 친구들을 소개하며 꼬드겼잖아.

또 속을래? 그들이 너를 위해 무엇을 했니? 그들 말에 잘 따랐더니 그들이 너에게 취업시켜 주고 맛난 음식과 즐거운 여행시켜 주었니? 지금 네 집이 포근해졌니?

불과 얼마 전에 고루한 시대가 있었어. 나이가 권력인 시대였어. 나이 많은 사람에게 함부로 말하다간 패륜으로 찍혔어. 패륜으로 만든 사람들 지금 어디 있어? 아스팔트 위에서 본인들 말이 진리라며 태극기 흔들며 떼쓰고 있잖아. 세상 물정 모르는 고루한 그들의 말에 너는 공감할 수 있니?

　　그들이 불안한 현재의 삶을 겨우겨우 살아가는 너를 미래세대라며 부추기며 네 행실을 신성불가침의 영역으로 경계 지었어. 나는 불안한 네 삶을 건지려고 네 희생으로 벌어들이는 그들의 무자비한 돈에 세금을 더 매기자고 했어. 나는 그들이 경계 지은 신성불가침의 영역에 침투하여 정신 차리라고 타일렀어.

　　그들은 그런 나를 가짜뉴스로 너의 미래를 갉아먹는 악다구니 짓을 하는 악귀라 호도하며 내쫓으라고 조정했어. 너와 내가 힘을 합쳐 그들과 싸워야 하는데, 그들이 너와 내가 싸우는 판으로 만들었어.

　　너와 싸우면 안 되기에 물러난다. 너와 이길 자신이 없어서 판세가 기울어서 물러나는 것 아니야. 세상을 잘못 내다본 내 잘못, 세상과 사람을 애매하게 비판하며 안일하게 가르친 내 잘못도 커.

　　너는 부정하겠지만, 네가 우리야. 광활한 우주에서 툭 떨어진 별종이 아니잖아. 앞서 산

지구인들의 문명을 고스란히 물려받았잖아. 앞서 산 지구인 중의 한 명인 나도 네 유전자에 스며있잖아. 그러니 너는 나야.

너도 아스팔트 위에서 태극기를 흔드는 고루한 노인이 되지 않아야 해. 그들이 지금껏 너에게 어떻게 했는지, 내가 덜 가르친 비판으로 그들을 공부해 봐. 그런 비판으로 사람과 세상 공부해서 얼마 안 남은 너의 미래를 네가 열어. 내가 하지 못한, 네 다음을 잇는 미래의 지구인을 잘 다독여서 네가 만든 미래에서 이탈하지 않도록도 해봐.

미지야.

학교에서 미움받지 않는 선생 하라는 글을 쓰려다가 엉뚱한 길로 샜어. 나중에 하고 싶었던 이야기여서 엉뚱한 길로 빠진다고 눈치챘지만, 그냥 그 길로 여기에 왔어.

나는 세대 차이는 있지만, 그 차이가 선과 악이라고 생각 안 해. 문명의 진보만큼 문명을 향유하는 방법의 차이라고 생각해. 그 방법에는 원시의 숲에서 나와 더불어 살아야만 인간다운

인간이 되는 사람의 마음이 스며있다고 믿어.

세대 차이를 악용하여 경계 지어 갈등으로 돈 벌고 권력을 쥐려는 그들에게 나는 세대 차이가 아닌 사람의 차이라며 그들을 무력화시켜. 선하고 악한 사람은 있어도 선하고 악한 세대는 없어.

미지야, 사실 이 말을 하려고 했어.

선생님은 똑바로 하지도 않으면서 공무원 복지만 챙기고, 학생의 학습 부진과 일탈을 학부모와 학생에게만 돌리며 학교를 놀이터로 삼으면, 그런 네 세대를 이해한다는 핑계를 대며 물러서지 않을 거야. 교육자인 너는 그러면 안 된다고 진솔하게 말할 거야. 네가 나를 꼰대라며 삐죽거려도. 지금 네가 미워하는 그 선생을 네가 닮으면 안 되잖아.

미지야.
또 편지할게.

2023년 8월

바라보면 보이는 것들 시리즈

나를 위해, 지난 세대를 위해, 미래 세대를 위해 혹은 소중한 누군가를 위해 사회 문제를 함께 보고 생각합니다. 화제가 되는 사회 이슈의 본질이 무엇인지 이해를 돕거나 더 조명되어야 할 사회 문제를 알림으로써 현재의 역사를 짧고 빠르게 기록합니다. '바보 시리즈'는 건강한 사회 생태계를 만드는 일을 돕겠습니다.

초등학교는 지금
아이를 위한다는 착각

초판 1쇄 발행 2023년 9월 20일

지은이. 김상백
펴낸이. 김태영

씽크스마트 책 짓는 집
경기도 고양시 덕양구 청초로66
덕은리버워크 지식산업센터 B-1403호
전화. 02-323-5609

홈페이지. www.tsbook.co.kr
블로그. blog.naver.com/ts0651
페이스북. @official.thinksmart
인스타그램. @thinksmart.official
이메일. thinksmart@kakao.com

ISBN 978-89-6529-373-6 (03370)
© 2023 김상백

•**씽크스마트 - 더 큰 생각으로 통하는 길**
'더 큰 생각으로 통하는 길' 위에서 삶의 지혜를 모아 '인문교양, 자기계발, 자녀교육, 어린이 교양·학습, 정치사회, 취미생활' 등 다양한 분야의 도서를 출간합니다. 바람직한 교육관을 세우고 나다움의 힘을 기르며, 세상에서 소외된 부분을 바라봅니다. 첫 원고부터 책의 완성까지 늘 시대를 읽는 기획으로 책을 만들어, 넓고 깊은 생각으로 세상을 살아갈 수 있는 힘을 드리고자 합니다.

•**도서출판 큐 - 더 쓸모 있는 책을 만나다**
도서출판 큐는 울퉁불퉁한 현실에서 만나는 다양한 질문과 고민에 답하고자 만든 실용교양 임프린트입니다. 새로운 작가와 독자를 개척하며, 변화하는 세상 속에서 책의 쓸모를 키워갑니다. 흥겹게 춤추듯 시대의 변화에 맞는 '더 쓸모 있는 책'을 만들겠습니다.

•**천개의마을학교 - 대안적 삶과 교육을 지향하는 마을학교**
당신은 지금 무엇을 배우고 싶나요? 살면서 나누고 배우고 익히는 취향과 경험을 팝니다. 〈천개의마을학교〉에서는 누구에게나 학습과 출판의 기회가 있습니다. 배운 것을 나누며 만들어진 결과물을 책으로 엮어 세상에 내놓습니다.

자신만의 생각이나 이야기를 펼치고 싶은 당신.
책으로 사람들에게 전하고 싶은 아이디어나 원고를 메일(thinksmart@kakao.com)로 보내주세요.
씽크스마트는 당신의 소중한 원고를 기다리고 있습니다.